U0142398

圖說
都市規劃科學

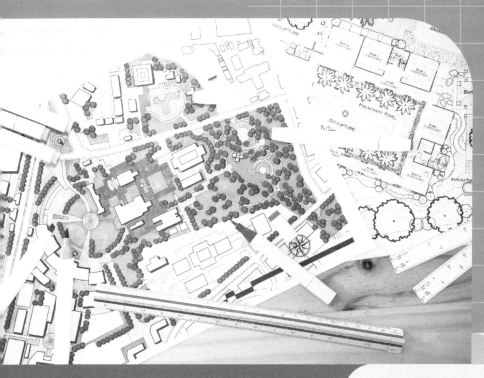

賴世剛 著

Urban Planning Science Illustrated

五南圖書出版公司 印行

序

　　選擇是我們日常生活必須面對的問題，不論你決定要到哪裡吃飯、點哪一道菜、選擇甚麼工作、雇用哪一個員工、在何地投資房地產、心儀哪一個對象等，在在都是選擇。可以說我們的一生都是在做選擇，而我們的人生也是由一連串選擇所構成的。雖然決策人人都會做，然而要制定好的決策卻不容易。本書的目的之一便是要告訴你如何做一個好的選擇。然而，光是做好的決策是不夠的，因為我們所面對的世界是如此複雜，使得採取行動前需制定計畫，並根據計畫來下決定便顯得格外重要。因此，本書的另一個目的便是要告訴你，什麼時候應制定計畫、如何制定好的計畫，以及如何根據計畫採取行動，即使用計畫。在本書中，選擇與決策是同義字。

　　決策與規劃分析是兩個不同，但關聯性極高的領域。簡言之，決策分析的重點在於告訴你如果一生僅此一次，你應該如何從事一個選擇，而規劃分析則在說明，在採取行動前，如何考慮一個以上相關的決策。例如，當我們在僱用一個員工時，我們考慮的是這個員工的能力及品性是否符合職位所需要的條件，這時我們可將評選求職者當作一個獨立的決策來考慮。但是，如果這個職缺與公司的發展有密切的關係，例如一年後這個部門會因市場需求的增加而擴充，此時僱用員工的決策必須與公司擴充的決策同時考慮。在這個情況下，我們在做當下的決定時，便必須考慮一個以上決策間的關係，也就是說我們必須做計畫。由這個簡單的例子，我們可以看出決策其實是計畫的內涵，而計畫是決策的展開，兩者相互依存。

　　決策及規劃的技巧是可以學習的，它們是一種思考邏輯的自我訓練，也可以說是一種修煉。決策與規劃是許多領域探討的主題，不限於都市發展的規劃，例如運籌學或作業研究等等。它也是我們生活上遭遇到

困境時的解決方式之一，因為它是完成艱鉅任務的必勝工具。我們常講：「工欲善其事，必先利其器。」而決策與規劃也是器的一種，是一種工具或手段。然而，決策分析的探討一直被各個領域所忽視，主要的原因在於一般人不知道決策與規劃的意涵；不知道如何從事決策與計畫制定；也不知道決策分析與規劃所能帶來的益處。此外，學界也多只探討單一決策的制定，殊不知若是我們在採取行動時能考慮相關的決策，所獲得的效果更佳。另一方面，我們所面對的世界是複雜而難以用現有的科學知識加以充分描述的，都市發展尤其如此。面對這樣複雜而多變的現象，一般人雖或隱然知道規劃的重要性，卻往往不知如何從事計畫的制定，以及如何使用計畫。

本書將我們所處的規劃情境視為是一複雜系統，也就是由許多人制定不同的決策與計畫，相互影響，交織而成的因果網路。複雜系統隱含的意義有二：（一）該系統無時無刻不在變化無法達到均衡，以及（二）這個特性正使得計畫制定在面對多變的複雜現象時，扮演重要的角色。本書宗旨便在說明在面對這樣複雜而又不確定的情境下，我們如何能制定出有用的決策與計畫，據以採取適當的行動，以達到我們的目的。因此，本書的撰寫有兩個主題。首先，本書要說服讀者，當面對複雜多變的環境而想要採取合理的行動時，以計畫制定為基礎的決策是有幫助，且會帶來益處的。其次，本書嘗試說明決策與規劃分析的一般性原則，即如何隨著自然行動。此處所謂的自然，是一種廣泛的定義，約略地可以說是所面對複雜而未知世界的通稱。

決策與規劃分析牽涉到的理論層次很深，並非三言兩語便可敘述完盡。筆者撰寫這本書的初衷，是希望以較淺顯的文字及概念，來闡述如何藉由決策與計畫制定及使用，以圖在渾沌不明的情況中，採取適當的行動，達到想要的目的。例如，當我們想要購屋以適居或從事土地開發以謀利時，如何掌握都市發展的脈絡，使得我們的決策是有效果的？本書撰寫的假想讀者為都市規劃與管理者，當遇到棘手的都市發展情勢，包括生活

上或專業上的問題，不知如何著手進行，而又希望有一些合理的指引，作為行動的指南時，本書應能提供有用的思考方向。因此，本書不同於一般有關探討決策的書籍，而在於強調計畫的重要性，並以實例說明，本書所闡述的原則可如何應用在日常生活上。

本書分為兩個部分：短文集及論述。第一部分「都市複雜與規劃」包括筆者最近幾年對都市複雜與規劃的一些隨筆，而第二部分「都市規劃科學」則在申述都市規劃其實是一門科學，或都市規劃科學。「都市規劃科學」的第一節略為闡述本書內容的科學哲學基礎，主要在說明實證論（positivism）的狹隘之處，取而代之的是自然科學的湧現論（emergentism），以及社會科學的一貫論（coherentism），進而說明本書的立論基礎。第二節說明都市的複雜性以及非均衡性，並透過複雜系統特性的解說，描繪面對複雜世界從事選擇的困難性。第三節介紹面對都市複雜規劃理性的內涵，並提出框架理性（framed rationality），以別於目前文獻上所探討的理性，包括完全理性（perfect rationality）及有限理性（bounded rationality）。第四節就框架理性的基礎辯證制定計畫或相關決策的必要性，也就是如何制定相連的決策，會帶給我們利益；並申述如何順應自然的運作，以從事計畫的制定，並據以採取行動。第五節提出都市規劃科學的理論架構作為結論。第二部分「都市規劃科學」主要的論點在於說明，當我們面對複雜的世界時，在某些情況下，經濟學的選擇理論並不足以應付層出不窮的問題，取而代之的是制定計畫以採取合理的行動。

沒有人天生下來便是好的決策者及規劃者。筆者當初之所以以決策做為撰寫博士論文的題目，就在於深刻感受到自己不是很好的決策者，而想一探決策分析的究竟。時光匆匆，至今筆者從事決策與規劃相關的學習、研究、教學與實作超過四十個年頭，深知規劃界學者多探討都市現象，而對何時、如何制定及使用計畫並制定決策等規劃議題較少著墨。了解現象固然重要，但如何從複雜的現象中藉由規劃以採取適當的行動或制定合宜的決策，方應是規劃學者企求的目標。希望本書的出版能讓讀者對規劃分

析有更深入的認識，並能將本書所提出的決策與規劃分析原則應用在日常及專業生活中，在面對複雜且未知的世界時，能跟隨著自然的腳步採取行動，悠然自得。

賴世剛

謹誌於 臺北 2023 年 4 月

都市複雜與規劃

都市規劃：神話或是科學？

都市規劃是神話還是科學？這是一直有爭議的議題。「神話」在此指的是過程是黑箱，「科學」指的是解開這個黑箱之謎。本書的目的是透過筆者過去 35 年來的研究成果，說明都市規劃是科學，不是神話。

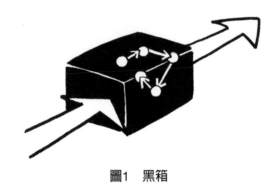

圖1　黑箱

目前，學界的共識是：都市是複雜系統，因此有都市科學的興起來解開都市運作的黑箱；但是對於規劃過程的黑箱，文獻上的探討並不多，唯一例外的，是由路易斯·霍普金斯教授（Lewis Hopkins）所發起的伊利諾規劃學派，這一學派已嘗試解開規劃這個黑箱之謎。

然而，都市科學研究與伊利諾規劃學派二者之間少有對話。筆者過去 35 年的研究便在嘗試將上述兩種聚焦都市複雜及規劃行為的思想，整合在一個架構中，並稱之為「都市規劃科學」。

本書嘗試以簡易的概念及文字，透過短文方式介紹都市規劃科學的內涵。誠如吳志強院士提出的「以人為中心的規劃」概念，都市規劃科學也是以人為中心，尤其是以選擇行為為基礎的規劃。具體而言，規劃不僅僅在於追求都市系統優化的經濟效率，更應該考慮居民實際的心理感受。

都市規劃科學緣起

　　我們正在經歷一個大變革的時代——變革不僅僅體現在經濟體制、社會形態、政治關係和人居環境的改變和重組，更體現在這個時代中個體自由的充分彰顯和整體規律的清晰湧現。這也是一個全新的時代——全球化和互聯網正在逐漸瓦解舊有的各類組織架構，透過充分的社會分工協作，使個人內在的愛憎喜好取代了原有的外在性激勵，成為影響社會發展的主要推動力。對於這一個不斷變革的、全新時代中的方方面面，雖在個體上極難預測和控制，在整體上卻是有規律可循。

　　當代科學是建立在還原論的基礎上，而還原論又源自古希臘哲學中的原子論。還原論認為，只要我們充分了解宇宙的組成分子，我們就能夠了解所有事物運作的規律。然而，長期的研究實踐表明，該思路已不可行。一個簡單的例子就是，迄今為止，仍然沒有人能透過量子力學來解釋為什麼貓要捉老鼠。西方科學界在近些年來已經在醞釀複雜性研究的革命，嘗試從整體湧現的角度來理解這個世界，以尋找複雜系統的一般性理論。我們認為，該轉變恰恰正是向以整體論為核心的中國傳統文化思想的一種回歸。當然，我們並不反對還原論的研究方法，因為要了解複雜系統，首先研究該系統的組成分子是自然而然的事情。然而，我們卻要摒棄還原論所主張的那種認為了解組成分子就可以完全理解系統本質的舊有觀點。不同於強調系統組成分子的物質內容的西方還原論科學，中國傳統科學的整體論源自於元氣論，強調的是組成分子之間的關係。中華文化的源頭是易經，無論是堪輿或中醫，皆以易經為理論基礎。無獨有偶的，複雜科學也正要尋找包括地理及生命科學等複雜系統的一般性理論。因此，就整體論而言，中學實早於西學數千年。

　　從都市規劃科學的角度來看，當代西方的都市規劃學以還原論為基

礎，以解決簡單或無組織複雜問題的方式來解決都市的有組織複雜問題，因而造成了無數「大規劃災難」。還原論認爲了解建築便可理解都市，殊不知它們是性質截然不同的系統：建築需要設計，而都市則需要規劃。還原論認爲都市在不受外力干預下會達到均衡的狀態，殊不知由於都市發展決策的相關性、不可逆性、不可分割性以及不完全預見性，這種想像中的均衡狀態根本無法實現。對於都市理解的轉變，也正在逐漸的改變我們對於都市規劃及管理的理解。例如，我們無法控制而只能引導都市的發展；或是，我們不能只做一個計畫，而是要不停地發展一個規劃的網路等。面對 21 世紀的都市規劃科學，我們必須以中華文化的整體觀爲主，結合西方的複雜運動，以發展出本土的都市規劃與管理的科學。具體而言，這個思路的內容包括，但並不限於，在自然科學中以 Ilya Prigogine 爲首的布魯塞爾學派；在社會科學中以 Brian Arthur 爲首的複雜經濟學（Complexity Economics）；在複雜運動中以聖塔菲研究院（Santa Fe Institute）爲首的複雜科學（Complexity Science）；在規劃學中以 Lewis Hopkins 爲首的伊利諾規劃學派（Illinois School of Planning）；在都市學中以 Michael Batty 爲首的都市科學（The Science of Cities）；在中國哲學中以易經爲源頭的中國傳統科學，並將這些相輔相成的理念匯總起來，形成具有一貫性的本土都市規劃科學。知名物理學家 Stephen Hawking 認爲 21 世紀是複雜科學的世紀，我們認爲 21 世紀同時也是中華文化復興的世紀。本書的出版是個開端，且也正逢其時。

筆者過去 35 年的研究成果主要在於填補三個看似矛盾或無關的鴻溝：都市規劃科學與都市規劃神話；中國傳統科學與西方現代科學；都市複雜研究以及規劃行爲研究。我們期望透過這本書的出版，將複雜系統下都市運行與規劃的基礎性理論和前沿性理念以相較簡易的方式展現出來，以饗讀者；並在此過程中，將中華傳統文化的整體論思想與西方科學界正在蓬勃興起的複雜科學研究理論加以比較和融合，以創建一個新的都市規劃科學範式。

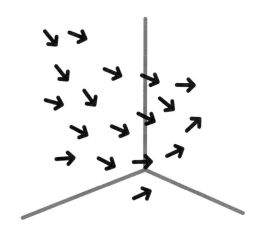

圖2　矛盾或無關的鴻溝加以整合

1.3　複雜：被忽略的事實

　　自古以來，複雜便無所不在，從最初瞬間的開天大爆炸到今天快速膨脹而且逐漸冷卻的宇宙，從微小的上帝粒子到廣袤的浩瀚星空，乃至於我們生活的周遭環境，都充斥著複雜。可以說複雜就在你我身邊，複雜環繞著你，而你也脫離不了複雜，因為最起碼你的身體便是一個複雜系統。簡單地說，複雜在此指的是難以用簡短的方式來完全描述的事物、現象以及特性。然而幾個世紀以來複雜卻一直被主流科學界忽略或甚少提及，包括經典物理學以及新古典經濟學。充其量，主流科學界視複雜為異常，而不是正常。這個情況一直持續到上個世紀 1984 年當聖塔菲研究院在美國新墨西哥州成立之後，少數科學家才開始嚴肅地以整體的觀點來探討我們的世界，並稱這種跨學科的研究為複雜性科學或複雜性理論。如今這個新興的科學或理論已經逐漸地被越來越多的科學家接受，並影響了許多社會科學及自然科學的發展，儼然演變成了一場複雜性運動或複雜性革命。然而，複雜及整體的概念在華人文化中並不陌生，從易經推演的天地人三才到老子道德經講述的天道人道，早已經將複雜融入在天人合一的整體宇宙觀當中。因此，不論西方當下的複雜性運動或是華人數千年以來的整體宇宙觀，都在探索著如何理解複雜世界以及如何在複雜環境中求生存，甚至於蓬勃發展。儘管這兩者的智識根源不同：一為原子論，另一為氣論，它們的共同特點是整體觀，然而同時以科學的方法以及整體的觀點來探索複雜世界，在此姑且稱之為整體科學，似乎還是一個尚未被探索的領域。

　　建構整體科學需要一些傳統觀念上的轉變，茲僅舉兩個例子大略說明如下。首先，整體科學將焦點放在事物之間的「關係」上，而不是事物之中的「構造」上。如果我們廣義地定義決策為行動的肇因，複雜系統中眾多實體之間的互動關係便不外乎獨立、相依及相關三種決策關係。以人類

至今所能建造最複雜的事物——都市為例，在都市中人際間的互動係透過決策制定而相互地影響，當某個人制定決策的後果影響了另一個人的決策制定時，我們說這兩個決策是相依的。當這兩個決策制定的後果相互影響了對方的決策制定時，這兩個決策是相關的。除此之外，這兩個決策便是獨立的。都市中龐雜的人際互動網路雖然看似極為複雜，但是他們之間的關係大致脫離不了這三種類型。其次，這些複雜系統中龐大數量的實體透過這三種關係互動，所形成的不是一個鬆散並且無序的整體，而是自組織的有序結構。想像一個思考實驗：在一個孤島上有一條環島公路，公路上有許多汽車在行駛，在沒有交通控制的情況下，有的汽車靠左行駛，有的靠右行駛，導致車流時常打結。為了使交通能夠順暢，駕駛人根據自身附近的車況不斷地調整左右行駛的方向與速度，最終使得公路上所有的汽車不是靠左行駛，便是靠右行駛，變得井然有序，即使事前沒有人能預測最終所有的汽車究竟是靠左或靠右行駛。在這個自組織的思考實驗中，並沒有外力的中央控制介入，然而系統卻能夠自發地從混亂狀態演變成有序狀態。如果一個外來觀察者乍見這個系統的有序現象，想要推敲這個秩序產

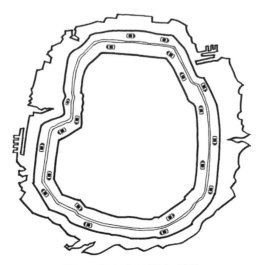

圖3　孤島上的環島公路

生的原因時，受過傳統科學訓練的人可能會認為這種「規律」是該系統與生俱來或外力造成的，這顯然與事實不符，因為這個規律或組織的原則其實是透過系統中許多實體互動所自發湧現出來的秩序。

從上面的兩個例子可以看出複雜學或整體科學對事物及現象的看法與當代以還原論為基礎的科學不太一樣。然而複雜學的發展不在於也不應該取代當代還原論的科學，因為兩者探索的重點及基本前提不同，簡單地說，其主要的差異在於前者見林而後者見樹，前者認為現象或秩序的發生是由下而上湧現出來的，而後者卻認為這些現象或秩序的存在是由上而下設計而成的；更何況當代科學經過幾個世紀無數個科學家的努力已經取得了空前巨大的成功，使得它的地位難以輕易地被撼動。儘管如此，我們認為科學探索的取徑不會也不應是絕對唯一的，因此複雜學嘗試以不同的視角來理解這個世界，希望能夠與當代科學互補共存，好讓我們能夠同時見樹又見林。複雜學認為複雜可以也應該作為科學探索的物件，並進而從中提出合理的行動規範。例如，從理論及實務上已證實，當面對複雜時，規劃是有用的行為反應之一。當然，這一切才剛要開始，因為同時以科學方法以及整體觀點來探索這個複雜世界是一個過去未曾或甚少觸及的領域。因此，希望本書的出版能夠搭建起一個具有吸引力的平臺，讓華人學者能夠在這個平臺上充分交換有關複雜學的研究心得及想法，進而為人類文明的進步與發展盡一份心力。

記不清楚是從哪裡讀到兩座山的譬喻：還原論及整體論。其中整體論這座山的山頭被雲層遮蔽起來，使得還原論這座山乍看起來比較高聳，於是登山者便爭先恐後地攀登還原論這座山。等到大夥兒登上還原論的頂峰時，而且雲霧也散開了，這時登山者才發現對面的整體論那座山更高聳，於是他們便又開始慢慢地往下爬回還原論這座山的山腳下，企圖轉而攀登整體論那座更高聳的山，而這個譬喻也正是複雜性運動或革命的興起所造成現在及未來科學圖像轉變的寫照。譬喻雖然不是科學，但是它們總是能夠提供一些有力的洞察。最後，2021 年諾貝爾物理學獎頒給從事複雜物

理系統研究的三位學者是對複雜學的一種最高肯定。讓我們捲起袖子及褲管，在強烈好奇心的驅使下，勇敢地邁開這趟冒險之旅，直接面對並且熱切地擁抱複雜，而不是選擇忽略並且轉身迴避它，進而共同來探索這未知的疆域。

探索複雜

一、什麼是複雜？

在說明為何要研究複雜之前，也許你要問我什麼是複雜。遺憾的是，這個問題目前沒有標準答案。大略的說，複雜是由許多人、事、物組成的集體現象，其中的組成分子之間有互動，例如經濟、政治、社會以及都市等等。複雜系統必然是大規模，但是大規模的系統不見得一定是複雜系統。例如由一個容器內許多氣體分子所組成的系統不能稱之為複雜系統。

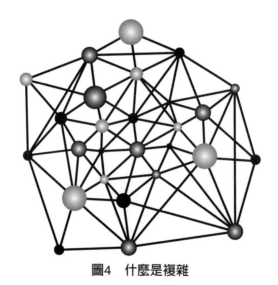

圖4　什麼是複雜

二、爲何要研究複雜？

（一）複雜是本世紀科研的熱點題目

　　許多知名的科學家，包括諾貝爾獎醫學及經濟學得主，皆認爲理解複雜現象，不論是社會科學或自然科學，會是本世紀科研的一項挑戰。

（二）還原論已走到了盡頭

　　主宰科學發展四個世紀的還原論已經走到了盡頭，取而代之的是源自複雜科學的湧現論。還原論的缺點是見樹不見林：即使我們找到了宇宙組成的基本粒子，我們仍然無法解釋爲何貓要捉老鼠。

（三）複雜現象就發生在我們的周遭

　　科學研究過去一直將資源投入在與我們生活沒有太大直接關係的事物上；我們今天了解宇宙的生成比起我們理解社會的運作還要深入。複雜就發生在你我身邊，因此，研究複雜與我們的生活有密切的關係。

（四）未來的超強決定於誰能掌握複雜

　　未來誰能掌握複雜，誰就能成爲世界超強。歐洲國家體認到這一點，前些年執行斥資 10 億歐元的 10 年大型計畫 FuturICT，企圖以複雜科學爲中心，整合 ICT 科技以及其他社會科學，以尋找全球尺度社會運作的終極理論。這項空前的科學壯舉，有可能將歐洲推向世界科研趨勢的領頭羊。

三、如何研究複雜？

複雜的研究雖然目前正在西方如火如荼的展開，然而中華文化幾千年的科學觀，包括佛學、道學、氣功、中醫以及易學，其實早已蘊藏著湧現論的精神。結合中、西科學的精髓以探討複雜，具有極大的潛力。例如，佛學其實視我們的世界爲一電腦模擬，其旨意主要在教導人們回歸到該模擬初始的寂靜狀態。

1.5 　複雜學派

　　基於都市複雜及規劃邏輯不衝突且一貫的概念，筆者擬提出複雜學派的規劃理念。複雜學派（Complexity School）的提出系基於一個信念，即我們安身立命所在的都市是複雜的，而規劃與決策能幫助我們在都市複雜系統中存活下來，甚至於繁盛。複雜學派認為都市因發展決策的相關性、不可分割性、不可逆性以及不完全預測，而使得都市複雜性湧現出來。如何規劃及管理都市複雜，成為複雜學派的主要訴求。顧名思義，複雜學派與複雜運動（Complexity Movement）有關。複雜運動指的是自然科學，如物理學，以及社會科學，如經濟學，近年來認識到巨型系統往往是複雜而非均衡的，而傳統所認識到的均衡狀態只是特例。同時，Lewis Hopkins、Michael Batty 及 Brian Arthur 等學者的論點均指向都市為非均衡過程的結論。基於這樣的認識，複雜學派認為都市係處於非均衡狀態並有自組織的能力而從個體的行為湧現出總體的隱秩序。

　　除了複雜運動之外，複雜學派另一智識來源是伊利諾規劃學派（Illinois School of Planning）。該學派主要是探討計畫的邏輯，並強調在非均衡狀態下的規劃應注重時間的因素，此論點與複雜經濟學（complexity economics）不謀而合。傳統規劃強調空間（space）、共識建立（consensus building）以及政府控制（control），並以決策做為故事的終結；而伊利諾學派注重時間（time）、計畫（plans）以及結盟（coalitions），並以計畫做為發送信號的變數。

　　複雜學派立基於複雜運動與伊利諾規劃學派的智識基礎之上，嘗試結合此兩大系統，冀望針對如何在複雜系統中存活的問題提出有用的見解；一方面根據複雜科學探究都市如何運作，另一方面延伸行為決策理論探討規劃的行為。例如，四個 I（Interdependence、Irreversibility、

13

Indivisibility、Imperfect Foresight）同時是計畫發生作用的必要條件以及複雜存在的充分條件，而將計畫與複雜的概念整合起來。此外，複雜學派亦嘗試結合中、西古典與前沿科學，如易經與細胞自動機，企圖提出更深入的洞見以面對日趨複雜的世界，因為筆者認為易經是目前所知最早的複雜科學，而且它的運作與基本細胞自動機類似。

　　簡言之，複雜學派與傳統規劃概念的主要差異是，前者強調相關決策的計畫而後者關注個別決策的制定；複雜學派與西方傳統科學的差異在於，前者視巨型系統為非均衡狀態且時間是重要的變數而後者視巨型系統為均衡狀態而時間並不重要；複雜學派與中國傳統科學的主要差異在於前者重理論與邏輯而後者重經驗與直觀。

　　沒有任何學派是由無中生有的，也就是說任何學派都有它的智識根源（intellectual roots）。複雜學派也不例外，它的智識根源來自六個面向：自然科學中以 Ilya Prigogine 為首的布魯塞爾學派；社會科學中以 Brian Arthur 為首的複雜經濟學（Complexity Economics）；複雜運動中以聖塔菲研究院（Santa Fe Institute）為首的複雜科學（Complexity Science）；規劃學中以 Lewis Hopkins 為首的伊利諾規劃學派（Illinois School of Planning）；都市學中以 Michael Batty 為首的都市科學（The Science of Cities）；中國哲學中以易經為首的中國傳統科學。

　　以 Ilya Prigogine 為首的布魯塞爾學派以研究自然界中的複雜現象為主，透過理論與實驗發現遠離均衡的自組織的化學現象，稱之為耗散結構（dissipative structures），並認為這種非均衡現象在自然界中十分普遍（Prigogine and Stengers, 1985），而都市也是耗散結構，與複雜學派的觀點相同。

　　以 Brian Arthur 為首複雜經濟學一反新古典經濟學的假設，認為人的選擇是透過歸納推理（inductive reasoning）的方式，而不是演繹分析而制定的；而且經濟體是非均衡狀態而不是均衡狀態；此外，計算學（computation）比數學（mathematics）在探討經濟現象時更顯重要，這些觀點也與複雜學派過去所做的研究雷同。

圖5　經濟體是非均衡狀態而不是均衡狀態

　　複雜運動泛指過去幾十年來在自然科學以及社會科學對複雜、非線性及非均衡系統相對於簡單、線性及均衡系統所做的觀念革新。其中的代表機構是 1980 年代在美國新墨西哥州成立的聖塔菲研究院（Santa Fe Institute），該研究院成立的目的是要集結自然科學，包括物理學，以及社會科學，包括經濟學，的頂尖科學家以科際整合的方式探討巨型複雜系統的運作方式，包括蟻窩、大腦、網際網路、經濟體、政治體系以及生態系統等等。如今相關的研究成果已逐漸影響到不同領域，包括防疫、交通、都市規劃、企業管理等等。

　　以 Lewis Hopkins 為首的伊利諾規劃學派將美國伊利諾大學都市及區域規劃系過去 100 年來所積累的研究成果做了一個總整理。它的特色在於視計畫為資訊收集規劃行為中的主要變數，並認為都市發展因為四個 I 特性，使得都市發展無法達到均衡，而此觀點與複雜經濟學相同。因此，規劃有其必要性。最後，以 Michael Batty 為首的都市科學將過去區域科學及都市經濟學以有系統的方式整理並建立在複雜科學上，稱之為新都市科學。複雜學派將嘗試整合伊利諾規劃學派以及新都市科學，以深入了解計畫與都市間的關係。此外，基於複雜科學的湧現論（emergentism）接近傳統中國哲學的世界觀，複雜學派也嘗試將西方前沿複雜科學與中國傳統科學做一連接，以作為複雜學派的科學哲學基礎。以上這些智識根源並非各自獨立，而是形成一龐大的網路關係，構成了複雜學派的智識族譜。

1.6 伊利諾規劃學派

　　伊利諾規劃學派（Illinois School of Thinking about Plans）是路易斯‧霍普金斯教授（Lewis Hopkins）將美國伊利諾大學厄本那——香檳校區都市及區域規劃系過去 100 餘年來的研究成果彙整而成，主要的代表作為《都市發展——制定計畫的邏輯》（Urban Development: The Logic of Making Plans）一書。伊利諾規劃學派的主要特色為：

1. 來源及連結

　　源自芝加哥規劃學派，應用經濟學、區域科學及作業研究（運籌學）等理論描述規劃現象，在賓州大學蓬勃發展，之後整理伊利諾大學香檳校區都市及區域規劃系一百多年來發展的思想體系。

2. 計畫作為研究的主題

　　計畫本身是研究的主體，而不僅僅是都市、政治過程、政策或政府的辯解。

3. 建模概念

　　有關經濟學、作業研究及區域科學的概念是有用的，可以幫助我們思考計畫如何運作，尤其是有關動態調整、不確定性及序列決策。

4. 透過行動有意圖地形塑未來

　　透過行動來形塑未來是重要的，而不是僅僅迎合人口或經濟預測或修正市場失靈。

5. 計畫作為信號

　　計畫以資訊經濟學的概念作為信號來分析，能考慮多個行動者、多個計畫、計畫制定的制度組織、不確定的未來以及在時間上策略性的使用計畫。然而，傳統上僅將計畫視為實施的目標並無法認識且考慮這些關係。

6. 土地使用及基礎設施的實踐

　　以上所有這些概念與土地利用與基礎設施規劃者的實踐有關，可以用來解釋我們觀察到的規劃現象，並辯解計畫應如何去制定及使用。

　　現代科學正進行著一場複雜性運動或革命，而這個運動或革命正在或已經影響了社會科學及自然科學許多領域的發展，包括都市規劃。因此，學界對都市及規劃的理解也產生了變化：都市不再是簡單的均衡系統，而是複雜的非均衡系統；規劃從過去強調空間、共識及控制的靜態描述轉而著重時間、結盟及計畫的動態過程。此外學者也認為應用大數據及數位孿生的電腦科技從事都市規劃，仍然離不開以複雜性科學來理解都市的理論。伊利諾規劃學派的代表著作 Urban Development: The Logic of Making Plans 從 Lewis Hopkins 教授於 2001 年出版至今，所陳述的制定計畫的邏輯正順應著這個潮流；尤有甚者，筆者在 2018 年發現了四個 I（相關性、不可逆性、不可分割性及不完全預見性）與規劃作用及複雜性的邏輯關係，將該書的概念與複雜性科學聯繫起來。具體而言，規劃發生作用為四個 I 的充分條件，而四個 I 又是複雜性的充分條件，因此規劃發生作用是複雜性的充分條件。用一般的話來講，計畫在複雜系統中發生作用，但不是唯一的方式。這個發現也確立了四個 I 與規劃及複雜度的關係；亦即四個 I 同時是規劃投資及複雜度的指標。

　　《都市發展 —— 制定計畫的邏輯》一書是霍普金斯教授從事規劃教育、研究與實踐數十載的經驗結晶，內容亦十分廣泛，幾乎涵蓋與規劃有關之所有議題。在該書中，霍普金斯教授旁徵博引當代自然及社會科學的主流研究，包括生態學、個體經濟學、認知心理學及決策分析等，企圖解釋規劃在一般情況下發生的原因、對自然及社會環境的影響以及如何制定有效的計畫，對規劃理論與實踐均提出深入的見解。因此該書對從事都市規劃有關的學者及專業人士應有許多啟發之處。

　　該書共分十章。在第一章中，霍普金斯教授首先以香檳市附近地區沿74 號公路的發展為例，說明都市發展的規劃是一經常發生的現象，不限

於整個都市或都會區的規劃。開發者、民眾團體及政府等各自針對所需而擬定計畫。霍普金斯教授根據 Miller（1987）的科學哲學，提出他對規劃現象的解釋、預測、辯證及規範的邏輯基礎，作為後續各章論述的哲學觀點，重點在於指出為什麼需要規劃及如何進行規劃。

在第二章中，霍普金斯教授主要想闡述自然系統與以計畫為基礎行動之間的關係。他首先以划獨木舟作為譬喻，說明規劃便如同在湍急的河川中划獨木舟。並引用這個譬喻說明規劃必須持續進行，必須預測，必須適時採取行動，且必須考慮相關的行動。此外，規劃無法改變水往下流的系統基本特性，我們能做的是利用這些基本特性達到我們的目的。霍普金斯教授接著介紹經濟學及生態學所經常遇到的均衡、預測、優化及動態調整的概念，然而因為都市發展具備四個 I 的特性，而規劃便有它的必要性。在本節的最後，霍普金斯教授以 Cohen, March 及 Olsen 等的垃圾桶理論為基礎，將規劃者所面對的規劃情境稱之為機會川流模式（Streams of Opportunities Model）。在該模式中，問題、解決方案、規劃者及決策情況如同在河川中漂流的元素隨機碰撞，而規劃者便利用計畫制定的技巧在這樣看似混亂的動態環境中存活下來。

圖6　划獨木舟

　　在第三章中，霍普金斯教授主要說明在實際的現象中，計畫以各種形式或機制對周遭環境產生影響。他列舉出五種形式，分別為 agendas（議程）、policies（政策）、visions（願景）、designs（設計）及 strategies（策略）。除此之外，霍普金斯教授更解釋為什麼都市發展的規劃重點多放在投資與法規，主要因為投資與法規均具備四個 I 的特性，從事規劃也因此會帶來利益。至於如何評價規劃所產生的效果或效度（effectiveness）？霍普金斯教授認為需從四個指標來檢視規劃的評價：效果（effect）、淨利益（net benefit）、內在效力（internal validity）及外在效力（external validity）。

　　霍普金斯教授接著在第四章中深入闡述五種計畫形式中，策略性計畫的意義，因為策略最適合用來解決四個 I 的問題。霍普金斯教授認為策略性計畫的形式可以用決策分析中決策樹的概念加以解釋。他並以土地開發的例子加以說明，例如，當考慮基礎設施及住宅兩項投資決策時，開發者可以藉由個別的決策分別考慮，或是建構決策樹同時考慮兩個決策的互相影響。假想的資料顯示，當同時考慮兩個決策所帶來的淨利益要比分開獨立考慮兩個決策的淨利益為大，且其差異表示計畫的價值。這個例子主要在說明，同時考慮相關決策（即規劃）會帶來利益。除了決策分析之策略性計畫外，霍普金斯教授更舉出面對不確定性的其他策略，包括韌性（robust）、彈性（flexible）、多樣（portfolio）與及時（just-in-time）的策略，而這些策略的運用成功與否，也可以決策分析闡述之。

　　在第五章與第六章中，霍普金斯教授從類似制度的角度介紹規劃發生的背景，而第五章解釋為何自發性團體（voluntary group）及政府具有誘因來從事規劃。在該章開始，霍普金斯教授便舉一購物中心的開發案，說明業者、開發商、財團及政府間如何因各自的利益從事規劃。接下來，便以集體財（collective goods）及集體行動（collective action）的邏輯，舉有名的囚犯困境為例，說明為何一般人在沒有干預的情況下，不願合作共同提供集體財。霍普金斯教授也順便闡述集體行動、法規與計畫間的差

異。該章的最終目的是在說明其實計畫作為資訊的提供也是屬於集體財的一種。

在第六章中霍普金斯教授深入介紹權利（rights）、法規（regulations）及計畫（plans）之間的關係。他首先舉例說明權利的特性，接著以 Coase 定理說明資源分配的有效性、集體財及外部性三個現象之關係。之後，談到權利分配的公平性問題以及相關的社會地位象徵。有關權利的探討，更深入討論到美國地權與投票權的關係，且由於投資的不可移動性，使得資源有效分配的經濟目標難以達到。該章最後論及訂定法規的誘因。

從第七章到第十章，霍普金斯教授針對計畫制定與使用作深入的探討。第七章從認知心理學的角度討論人們制定計畫時所具有的能力與限制。此外，他對主觀、客觀及主觀間（intersubjective）的知識與價值的形成與區別也有著墨。接著，有關計畫制定所需的個人認知能力與過程，霍普金斯教授也藉由文獻回顧提出人們在解決問題時所遭遇的認知能力上的問題。例如，人們傾向將注意力投注在問題的陳述或表現，而不在問題的本身。有關的研究在認知心理學的決策領域都有深入的探討，而霍普金斯教授將其與計畫制定有關的一些課題在該章中整理出來。

在第八章中，霍普金斯教授討論到民眾參與與計畫之間的關係，尤其強調集體選擇（collective choice）、參與邏輯（the logic of participation）及計畫隱喻。與第七章不同的是該章強調偏好整合（aggregation of preference），並說明團體是如何做決策的。在集體選擇的可能性上，霍普金斯教授介紹 Arrow 有名的不可能定理（Impossibility Theorem），並認為雖然民主程序有如 Arrow 所提出的不當之處，但集體選擇或決策仍然在實務上是必須的決策過程。此外，霍普金斯教授更以香檳市為例說明集體選擇和制度設計的原則，並進而解釋民眾參與的邏輯及形式。該章最後論及民眾參與應如何進行，方能產生應有的效果。

第九章論述計畫是如何制定的，也就是敘述性地描述規劃的行為

（planning behaviors）並針對其他學者所提出的規劃程序做了比較。此外，就理性的部分，霍普金斯教授也就傳統的綜合性理性與溝通理性之間作了比較。他認為理性是績效的標準，而不是一過程，使得傳統綜合性理性得以與溝通理性、批判理論（critical theory）及所觀察到的規劃行為做比較。基於以上的觀察，霍普金斯教授提出五項改善規劃實務的方向，分別為：制定決策與計畫使用並重；留意計畫制定的機會；劃定計畫適當的範疇；著重行動與後果的連結；以及正式民主體制與直接民眾參與的結合等。在最後一章，第十章，霍普金斯教授說明了計畫應如何使用。他再度重述了划獨木舟的譬喻，並用以說明如何應用計畫來尋找機會並藉由行動的採取來達到目的。霍普金斯教授認為一般規劃者的通病是忽略了計畫的用處，而將注意力投注在決策情況、課題的理解及問題的解決上。該章的其餘論述便針對前章所提的規劃實務改善方法，提出更深入的辯解。

　　縱觀霍普金斯教授所著的《都市發展 —— 制定計畫的邏輯》一書涵蓋有關都市發展規劃之重要課題。雖然該書很少提及複雜的名詞，但是實際上整本書的論述在於說明面對都市複雜應如何從事規劃。一般探討規劃的專書不是過於深澀難懂使讀者望而卻步，便是過於雜陳而流於資料的收集。霍普金斯教授的書集結他數十年對都市規劃的教學研究經驗，歷經十餘年的撰寫而完成，內容之精采自不在話下。一般的規劃理論學者多抱著某一種理論或概念的範式（paradigm）加以發揮，例如制度經濟學、最適化及溝通理性等等。霍普金斯教授的書其特色之一是找不到任何的範式依據，而其立論唯一依據的是 Miller（1987）的科學哲學。該哲學針對實證主義（positivism）的限制，及對事實的扭曲，提出不同而較寬鬆的科學哲學立論。基於規劃可作為科學學門的探討對象，霍普金斯教授對規劃行為的發生，從敘述性及規範性的角度作了詳盡的介紹，最後並提出改進計畫制定以及利用計畫的具體建議。貫穿全書的宗旨在於霍普金斯教授認為都市發展具有四個 I 的特性：相關性、不可分割性、不可逆性及不完全的預見性，而規劃考慮相關開發決策的關係進而研擬策略會帶來利益。尤其

是，規劃的作用在面對複雜的環境時是有益的。綜合而言，全書針對面對複雜的都市發展為何要從事規劃，如何制定計畫，以及如何使用計畫等有關規劃專業的根本問題作出了詳盡而具說服力的說明。因此該書適合欲對規劃理論從跨領域角度進行了解的教師及學生閱讀，但也可作為從事規劃實務者的參考資料。唯一感到缺憾的是霍普金斯教授大多引用美國的例子說明概念，使得對美國規劃背景不了解的讀者較難理解，例如有關權利系統的說明。此外，全書用字遣詞言簡意賅，使得有些概念的陳述過於精簡，致不易通曉，因此閱讀該書時需有專業英文能力並具基本社會科學概念，方能有效吸收該書之精華。然而該書幾乎涵蓋所有都市規劃有關的課題，且立論中肯，邏輯清楚嚴謹，同時著重概念與個案的陳述，不失為一本有關規劃理論的好書。對於規劃專業懷有質疑的學者、專業人士及學生，該書應可提出較完整的答案以解決疑惑。

規劃的理性

　　當我們說某個人的選擇是理性的時候，通常指的是該選擇合乎一個標準。決策分析講究的是理性的選擇，而此理性的標準為何？便顯得十分重要，因為這個標準構成了決策分析的理論基礎。換句話說，理性是有智慧的人行事之準則。當我們說，某個人的行為是理性的，我們隱然地用一套標準來衡量他的選擇是否合乎這套標準，不論我們是否清楚所用的標準為何。理性一直是經濟行為追求的目標，然而由於心理學家的發現，推翻了新古典經濟學所奉為圭臬的預期效用最大化的理性標準，選擇行為理性的意涵為何自此便一直爭論不休。都市發展規劃是一種選擇行為，即使它不在於選擇一個決策，而是在選擇一個計畫。而計畫可定義為是一組時空上相關且權宜的決策，或簡單地說是決策樹（decision tree）的一個路徑。因此，規劃也應是一種理性行為。

　　規劃是有意圖的行為，也就是說規劃是有目標的。例如當我們說要從事捷運系統的規劃，我們希望達到某個載運量的目標。這些目標可以是量化，如每日一百萬人次的載運量，也可以是非量化的，例如促進土地高度利用。如何採取一連串的行動以達到所設定的目標，必須在第一個行動尚未採取之前，預做籌劃，而這個籌劃的動作便是規劃。本節中視行動、選擇與決策為同義字，也就是說決策一旦制定，便會依決策採取行動。

　　當我們說某個人的行為是理性的，其指的是什麼意思呢？一般人大概只有一個籠統的概念，認為符合一般大眾的期待便是理性。但這個答案過於簡化，無助於讓我們做出更佳的決策。有關理性的探討，在西方自科學革命起，認為自然界現象可由人類的推理能力加以理解，而達到最高峰。在社會科學中，有關理性的定義有許多，但一般認為，一直到馮諾曼及摩根司坦（von Neumann and Morgenstern）提出了主觀預期效用理論

（subjective expected utility theory），或 SEU 理論，該理論便主導了社會科學對理性內涵的定義。他們創立了效用（utility）的概念。與其說效用是存在人類心理層面的現象，倒不如說效用是為了方便解釋人類選擇行為所設立的一種數學建構（mathematical construct）。因此它應是一種虛擬的偏好衡量單位。到目前為止，預期效用最大化仍舊是經濟理論與決策分析的一個基石，也就是理性的意涵。由於預期效用理論是用來作為規範性的指引，告訴人們，如果你接受一些理性的基本假設，在從事選擇時，你應該會接受預期效用最大化的理性標準。然而，實際上人們的選擇會符合預期效用最大化的理性標準嗎？心理實驗的結果顯示答案是否定的。因此，Daniel Kahneman 及 Amos Tversky 提出所謂的「展望理論」（Prospect Theory），以期以敘述性的方式描述人們實際上如何做決策。尤有甚者，Herbert Simon 更指出人類的理性是有局限性的，而提出了「有限理性」（Bounded Rationality）這個概念。直到上個世紀 80 年代，心理學家與經濟學者開始展開了對話，企圖更深入了解人類從事選擇的理性意涵。雖然到目前為止，對於人類的行為是否合乎理性的標準尚無一定論，本節將揭示一個「框架理性」的典範，認為決策者在一定的認知框架下，他的行為是尋求最適化的決定。具體而言，在一連串的心理實驗中，我們發現受測者在不同的樂透（lottery）框架中，針對相同的貨幣值所衡量出來的效用值並不相同。因此，我們得到的結論是效用值是相對的，而不是絕對的，受到問題或認知框架的影響。例如，同樣的公園綠地，放在上海或臺北時，對使用者的感受並不相同。

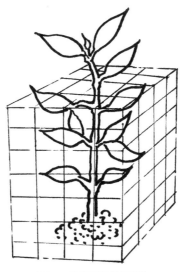

圖7　框架理性示意

　　質言之，縱使有關經濟行爲的解釋有許多種，本書所依據的觀點是認爲人類的經濟行爲在一定的認知框架下是理性的，而所謂的理性指的便是最適化，亦即預期效用的最大化。我們所觀察到人類行爲上的差異在於決策者在從事選擇時思考架構或認知框架上的不同，而這些思考架構隨時間的改變而改變，引發了偏好的變化。因此，本書傾向認爲行動者是完全理性的，我們所觀察到非理性的行爲，完全來自觀察者的參考架構與行動者不同所致。就土地利用規劃而言，其過程不外乎開發者就開發問題所形成的認知框架中，制定序列的決策（sequential decisions），收集資訊，從事財產權的操弄，以從中獲益。而這些決策，在土地規劃複雜的過程中，有其框架的局限性。

都市與規劃之我見

都市規劃的範疇大致包括兩大主題：都市與規劃，並進而形成了四個研究問題：都市實際如何發展？都市應如何發展？規劃實際如何展開？以及規劃應該如何展開？幾乎所有的都市規劃研究的主題及課程均可依照這個架構加以劃分。茲就此兩個主題分別提出我個人的看法。

理解都市有許多不同的觀點，而系統觀點，尤其是複雜系統，是我的主要切入點。複雜系統視都市為各自相對獨立的個體互動而產生的集體現象。與上個世紀系統論不同的是，複雜科學視都市為遠離均衡的系統，因此都市建模不在尋求均衡解，而在尋求其動態的規律。主要的原因是都市發展決策具備有 4 個 I 的特性：相關性、不可逆性、不可分割性以及不完全預見性，進而使得都市形成難以達到均衡的複雜系統，而計畫在這個系統中產生作用。

傳統的規劃理論多著重於探討市場的失靈以及提出解決的辦法，例如透過集體行動提供集體財，以及透過法規的訂定以解決外部性問題，並視這些問題是獨立存在的。殊不知，這些問題不但是相關的，而且市場的運作尚有動態失靈，即市場的動態過程因交易成本而使得均衡分析失效，因此便有規劃的必要性。解決因 4 個 I 而造成的動態失靈現象，也是我認為計畫以訊號操弄的方式所產生的主要作用及必要性。換句話說，計畫同時也解決了因都市的複雜性所產生的問題，也是目前所知唯一能處理複雜性問題的領域。

都市與規劃此兩者的整合，可以划獨木舟的譬喻做為出發點。划獨木舟是規劃，而湍急的河川是都市。較為嚴謹的說法，這個譬喻反應的是機會川流模式。都市不是由一個計畫來控制，而是由許多的計畫網絡來調控。綜合而言，上個世紀對都市及規劃的理解建立在還原論的科學典範之

上，然而我認為建立在還原論的科學知識或科技只能解決簡單問題。都市是有組織複雜的問題，因此我們需要科學典範的移轉，以湧現論的觀點為出發點，對都市複雜做出正確的理解，進而從事規劃以面對複雜的世界。以計畫為基礎的決策是面對複雜的有力的行動模式。（以上內容有些引自 Lewis Hopkins 教授的著作）

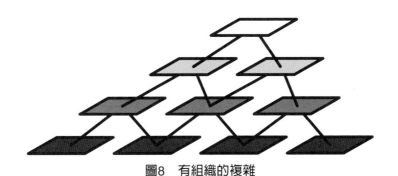

圖8　有組織的複雜

1.9　如何駕馭都市複雜？

　　都市是複雜系統，這已是不爭的事實。過去有關都市複雜性的研究已取得了長足的進步。我們現在已經知道都市中及都市間存在著自發的秩序，但是如何根據有關都市複雜性的特性來進行規劃？這方面學界探討的相對較少。本節嘗試基於都市複雜性的觀點來探討規劃實踐的方式。

圖9　基於都市複雜性的觀點來探討規劃實踐的方式

　　如前面的短文所述，四個 I 指的是相關性（interdependence）、不可逆性（irreversibility）、不可分割性（indivisibility）以及不完全預見性（imperfect foresight）。這四個 I 是都市發展決策的特性。都市發展決策主要包含了投資與法制，而這類的決策之間互相影響，因此是相關的；不可無成本地回復原狀，因此是不可逆的；決策規模是不可任意的，因此是

不可分割的;決策的後果是難以預測的,因此是不完全預見的。

　　四個 I 是規劃發生作用的必要條件,也是都市複雜性的充分條件,因此規劃發生作用是都市複雜性的充分條件。換句話說,規劃發生作用必然存在有四個 I 的特性;而四個 I 使得都市變得複雜;規劃發生作用必然在都市複雜性的條件中,但不是唯一的方式。因此,四個 I 有雙重的特性,它們一方面是規劃投資的指標,另一方面也是都市複雜性的指標。四個 I 的特性越強烈,都市顯得夠複雜,於是規劃的投資應越多。透過這樣的邏輯關係,我們可以釐清四個 I、規劃與都市複雜性之間的因果關係,進而探索基於都市複雜性的規劃實踐方式。

　　相關性、不可逆性、不可分割性及不完全預見是描述都市發展決策的特性,必須有對應的指標才能操作,茲分析如下。相關性指的是決策之間相互影響的網絡連結關係,連結越多相關性越高,因此人口密度可以做為相關性的指標,因為人口密度越高,人們的互動越密切,決策之間相互影響的網絡連結程度越高。不可逆性指的是設施的興建不可無成本地回復原狀,因此不可逆性的指標可以建成區的面積來表示。不可分割性指的是都市發展決策的規模是不可任意的,這可以基礎設施的面積來表示,因為基礎設施的興建受限於規模經濟或標準,它們的規模是不可任意的。不完全預見指的是決策的後果是難以預測的。通常發展快速的都市或地區,未來較難以預測,因此人口的成長率可以做為這個特性的指標。最後,規劃投資的指標可以用人口數來表示,因為規劃投資取決於決策個數的規劃範疇,所需考慮的決策個數越多,規劃投資也越高。

　　從以上的分析,我們可以得到這樣的結論:當四個 I 的特性越凸顯,都市複雜性也越高,規劃投資也會越多。因此,當一座都市的人口密度越高、建成區面積越廣闊、基礎設施面積越大而且人口成長越快速時,這座都市變得越複雜,而需要規劃投資的力度也越大。所以我們可以觀察到規劃對都市地區比起鄉村地區更顯得重要。

　　文獻已探討許多都市複雜性的特性,但是如何利用這個知識來幫助我

們從事規劃，進而駕馭都市複雜，學界探討不足。本節嘗試以四個 I 的概念來聯繫規劃與都市複雜性的關係，並提出一些可操作的指標，作為面對都市複雜時規劃實踐的指引。

1.10 規劃投資與複雜度

　　到目前為止，學界對複雜性的定義以及如何衡量它並沒有共識。然而筆者認為比較合理的定義是：複雜度是對系統描述的長度，描述長度越長，表示系統越複雜。想像一下如何描述一座都市，比如上海市。你可以說它是金融中心，但是它卻包含千千萬萬個企業，你無法一一陳述。你也可以說它是超大型都會區，但是你也無法說出它所有的街道名稱。你也許可以說得出建築物的名稱，比如和平飯店，但是你仍無法描述它們的一磚一瓦。換言之，你無法「完全」描述上海市，或者說若是你想要完整描述上海市，它的資訊量可能是無限大。如果說一個事物的複雜性可以描述它的最小語彙長度來衡量的話，我相信你會同意，上海市或一般都市是十分複雜的，因為你無法完整地描述它。事實上，學界的共識是：都市是複雜系統。

　　至於複雜性的成因，目前也沒有一定的共識，而學者也才剛開始嘗試建構複雜系統的一般性理論。複雜系統大致也可分為同質構成分子的複雜系統，例如金屬材料，以及異質構成分子的複雜系統，例如都市。Nicolis及 Prigogine 曾以熱力學第二定律論證不可逆性（irreversibility）為化學系統複雜性的成因。在經濟體中，不可逆性是由交易成本所造成的，而交易成本同時扭曲了價格系統，導致系統無法達到均衡的狀態。在都市中，導致動態調整失靈而無法達到均衡狀態的因素除了都市發展決策的不可逆性外，還包括了相關性、不可分割性以及不完全預見性（參見下頁表）。

　　相關性指的是都市發展決策之間在功能及區位上是相互影響的。不可分割性指的是都市發展決策受制於規模經濟的因素，不可做任意規模的開發。不可逆性指的是都市發展決策一旦制定並執行，若需要修改或回復，必須花費很大的成本。不完全預見性指的是都市系統的變數，如人口及就

表　四個I

	相關性	不可分割性	不可逆性	不完全的預見
定義	A行動的結果受B行動的影響	行動增量的規模影響行動的價值	可採取的行動無法不需成本而回復到先前的狀態	一種以上的可能未來
範例	土地（或道路）的價值取決於道路通行（或可用土地）	連接兩個區位的道路必須完整且其寬度足以容納車輛	道路無法勿需成本而改道或拓寬	工作機會能以不同的速率及不同的區位而增加
隱喻	行動不能分開考慮	連續邊際調整不具效率或不可能	歷史及動態是重要的	不確定性不可排除
反應	考慮行動組合的影響	考慮改變的規模	採取行動前考慮相關的行動	考慮行動、後果及價值的不確定性

資料來源：路易斯・霍普金斯教授的《都市發展——制定計畫的邏輯》

業，無法精準的預測。這四個I的特性使得都市的發展是處於遠離均衡，始終變動的狀態，而這個觀察與複雜經濟學的觀點一致。此外，霍普金斯教授認為傳統規劃學者用經濟學及生態學的概念來解釋都市空間的演變，殊不知都市發展與經濟系統及生態系統不同，因為都市發展具備四個I的特性；這四個條件與新古典經濟學的假設不同，因此均衡理論並不適用都市發展的過程，而規劃便有它的必要性。換句話說，面對這種動態調整失靈的情況，規劃便能夠克服四個I的特性而產生作用。筆者更進一步嘗試運用網絡科學的概念從演繹分析的角度證明了四個I是構成都市複雜的原因，而規劃在四個I特性存在時能發生有益的作用，因此規劃在複雜系統中能發生有效的作用。因此，我們可以推論四個I同時是規劃投資發生作用以及衡量都市複雜度的指標。當四個I的指標值越高，規劃的投資（空間範疇、時間水平及修改頻率）應越大，規劃發生作用的可能性越高，而且都市的複雜度也同時越高。如前面短文所述，如果人口密度可以當作相關性的指標，人口密度越高的都市，如臺北市，規劃發生作用的可能性也越高，而且其複雜度也越高。

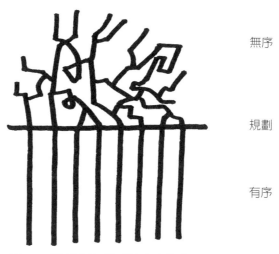

無序

規劃

有序

圖10　規劃在複雜系統中產生作用

如何落實以人為中心的規劃？

同濟大學的吳志強院士倡議以人為中心的都市規劃，也是本書的主要觀點之一，然而如何落實這個思路呢？筆者認為必須從人類的選擇行為入手。原因在於我們生活的這個世界不是空洞單調，而是充滿著意外與驚奇。即使生活在孤島上的一個人，他也要面對大自然的變化。這是因為我們生活的世界是由許許多多的構成元素所組成的，小到物質的原子及分子，大到生物體（包括人類），進而構成了社群的基本元素。也許有人要問，面對這些構成這個世界無以計數的小分子，我們如何能理解這個世界，更何況要以決策及計畫來解決所面對的問題？答案在於，我們不需要深入到人體解剖構造的生化現象，而從心理學的層面來了解人的行為便已足夠了。因此，都市規劃的理論基礎係建立在對人類選擇行為的了解，而不在於底層的生化作用，如從器官組織、細胞，一直到分子、原子的運動。

圖11　落實以人為中心的規劃

如前面規劃的理性所述，有關經濟行爲的解釋多以效用理論爲主，而效用的概念指的是經濟決策的效用，Daniel Kahneman 在 Thinking, Fast and Slow 一書中稱之爲決策效用（decision utility），這是客觀衡量的一種效用。另有一種主觀衡量的效用，Kahneman 稱之爲經驗效用（experienced utility），指的是人們實際感受到的效用，兩者並不相同。以遭受電擊的受測者實驗來說明，決策效用指的是受測者在每次遭受電擊的客觀痛苦指數，然而一般受測者卻只記得最初及最終電擊的痛苦經驗，即經驗效用，而忽略了中間過程的電擊感受。這個概念可以用來指導都市規劃。以公園的步道設計爲例，根據決策效用最大化的原則，步道的設計以最短路徑逛完所有的景點爲佳，但是經驗效用最大化告訴我們，步道起點及終點的設計才是重中之重。因此，兩種設計的結果必然不同。

問題是，以人爲中心的都市規劃究竟係根據決策效用或經驗效用來設計或規劃會比較妥當呢？完全以決策效用規劃的都市可以達到經濟效率，卻不見得是人們所喜歡的，比如便利的現代都市規劃設計如上海；另一方面，完全以經驗效用來規劃的都市又缺乏經濟效率，例如宜居的自然成長都市如蘇州。爲解決這個難題，筆者提出複合式效用 U_c（composite utility）如下：

$$U_c = w_d U_d + w_e U_e$$

其中，U_d 及 U_e 分別爲決策效用及經驗效用，而 w_d 及 w_e 則爲它們的權重，且 $w_d + w_e = 1$。

現代都市的規劃假設 $w_d = 1$，而自然都市的規劃假設 $w_e = 1$，較佳的折衷規劃則是同時考慮決策效用及經驗效用！

筆者認爲任何都市都是自發的自組織秩序與人爲的規劃秩序共同建構而成，前者主要是經驗效用的作用，而後者則是決策效用的考慮，而複合式效用正可以將亂中有序的都市複雜與序中有亂的人爲規劃有效地結合起來。

1.12 以複雜科學降低重大事件對都市安全的衝擊

　　隨著眾多國際重大自然及人為災害事件的出現，如美國 911 事件、西班牙火車爆炸事件、SARS 疫情、馬來西亞航班失蹤、法國巴黎發生的伊斯蘭國恐襲血案，以及最近席捲全球的新冠肺炎疫情，極有可能影響全球的政治及經濟秩序。都市安全開始成為國家穩定發展的一個重要的新興議題。然而都市安全的定義是什麼？如何採取及時和恰當的決策，利用有限資源來防止可能發生的災難？這些問題數百年來一直困擾著政府與學術界。即使在發達國家，對於維護都市安全，也往往感到力不從心。這可以透過美國國防大學及蘭德公司於 1996 年所舉辦的複雜、全球政治及國家安全研討會窺見一斑。我們認為，在探討都市安全的意義及對策之前，應該對我們所生活的世界如何運作有一個充分的了解。都市安全的內涵極為廣泛，包括政治、環境、生態、土地、交通及社會等等，而這些方面環環相扣，形成有機的整體。若要有效地遏止此類事件的蔓延，近些年興起的具有科學前沿性的複雜理論可以作為分析的一個理論基礎。本節中，我們透過將複雜理論應用於臺灣 SARS 防疫策略擬訂的實例，來探討維護都市安全的必要措施，同樣的邏輯應可應用來對付新冠肺炎疫情。

　　SARS（Severe Acute Respiratory Syndrome）疫情曾經於 2003 年在全臺灣爆發，引起民眾恐慌，而當局的防疫策略似乎一直較為忙亂。臺北市和平醫院的感染案例標誌著全台 SARS 防疫網已出現漏洞。其中，疫情以臺北市最為嚴重，而不難理解，這一現象也具有必然性。如果 SARS 是透過人際間的近距離互動而感染，則互動頻繁度愈高，感染的機率愈高。而在都市尤其是大型都會區中，因為人口稠密且相互之間交流頻繁，感染

圖12　重大自然及人為災害事件

的機率也會相對增加。如何將防疫資源加以有效配置以收到事半功倍的效果，在防疫策略的擬定上是一項重大挑戰。

　　如果我們能掌握疫情擴散的整體特徵及分布形態，便可針對可能的感染地區進行事先防治。由於人的行為及人際間的互動難以預測，在個人或中小規模人群的尺度上，也許我們難以掌握疫情擴散的途徑；但當我們將尺度放大到都市，我們則可以以大量實際資料驗證，SARS 的感染案件數應與都市人口規模成正比，但是其增長的速度超過醫療資源增長的速度，因此大都市面對 SARS 或 COVID-19 反而會比較脆弱。在此事實基礎上，根據 Barabasi 及 Bonabeau 在 *Scientific American* 期刊（May 2003, pp. 50-59）所發表對無標度網路（scale-free networks）的研究以及筆者最近對城鄉尺度分布的研究，我們可以進一步擬訂防疫資源配置的原則。

　　根據 Barabasi 及 Bonabeau 對複雜系統的研究，很多類型的網路（包括 World Wide Web）都具有一種共性：網路的節點不是隨機連結，而是呈現無標度（尺度）的連結。美國的高速公路網便是隨機連結的網路，而航空網則是無尺度連結的網路。隨機連接網路的一個重要特徵便是節點之間連結的個數呈現鐘形的泊松分布。人的身高分布便是典型的泊松分布的實例：一般人的身高多在一定範圍，過高或過矮都是特例。無標度網路的

特徵在於，少數節點擁有大量的連結，形成所謂的中樞（hubs）；而大多數節點僅擁有少數的連結。World Wide Web 是一個典型的無標度分布的實例：少數網頁擁有大多數的連結。不同於隨機網路，無標度網路節點的連結分布呈現冪次法則（power law）分布。所謂冪次法則指的是，若將連結數量與具有同樣連結數的節點數量分別取對數後作為坐標系的橫軸與縱軸，其分布將呈現線性關係。隨機網路很容易被破壞，只要我們毀損一定比例的節點，系統便會很快癱瘓；無標度網路則不然，如果我們任意毀損其中一定比例的節點，系統仍舊可以運作。也就是說，無標度網路中系統受外力衝擊的回復力（resilience）及韌性（robustness）很強。但是它的致命點（Achilles' heel）在於，網路中少數擁有絕大部分連結的中樞一旦被毀損，整個系統便癱瘓下來。

自然界及人文環境中許多複雜系統具有共性，包括股市的崩盤、地震的頻率甚至都市的空間分布等。複雜科學主要探討這些複雜系統的特性。從較大的空間尺度而言，SARS 病毒必然透過病毒攜帶者經由交通網絡蔓延至各縣市。很多著名的都市規劃學者透過理論及實證研究都證明了都市系統分布呈現無標度網路的特性，也就是說其人口規模大小與同等規模都市的個數取對數後呈現線性的冪次法則關係，具體則表現為大都市個數少而小城鎮個數多。雖然筆者的研究不是以網路為出發點，但人口規模的大小與人際網路中的連結數之間通常有顯著的相關性。因此，如果我們要封鎖 SARS 病毒在城鄉網路傳播的途徑，便要找出該網路型態的關鍵點。根據 Barabasi 及 Bonabeau 對無標度網路特性分析，我們應將防疫資源投入到中樞地區，將這些中樞地區作為疫情傳播的關鍵加以控制，應能使疫情得到控制。換言之，我們首先應竭力控制臺北市和高雄市等大型都會區的疫情，然後按都市規模的大小逐一將其他城鄉的疫情控制住，以徹底斷絕 SARS 病毒傳播的途徑。都市內的防疫策略也可採用類似方法，即逐一將人際網路連結的中樞場所界定出來，例如活動頻繁的公共場所等，並封鎖其病毒傳播的途徑，以達到全市防疫的效果。至於防疫技術上的問題，則

有賴於醫護人員的專業知識。最好由政府發起成立包括醫療護理等相關科學的跨領域專業團隊，協力打贏防疫之戰。

　　複雜理論的研究開始於 1980 年代，如今已經從純理論的建構進入實證應用階段，且應用的範圍不斷擴展。而都市安全的維護，由於牽涉的範圍十分廣泛，唯有以側重於整體性把握的複雜理論進行探討，並搭配如貝葉斯網路（Bayes Net）等先進的決策分析技術，才不至於產生傳統科學的過於強調專業性和以偏概全的缺點。此外，輔以良好的資訊系統以及政府組織架構，應可及時對都市安全領域的諸多重大突發事件加以有效應對。

1.13 時間壓縮下的都市發展與規劃

　　目前全球人口數已達 80 億，且超過一半的人口居住在都市中！預估到 2050 年，將有三分之二的人口居住在都市中，甚至於到本世紀末，幾乎所有人都會居住在都市中，因此解決城鎮化帶來的問題儼然成為本世紀人類所面臨的最大挑戰之一。中國大陸過去 40 年的快速城鎮化可以視為是時間壓縮下的都市發展過程。相較於正常情況下，在這個過程中，在有限的時空範圍內，都市快速的增長以及各種都市活動快速的展開，產生了種種的都市問題，包括住房用地的短缺、交通擁擠以及環境汙染等等。本節探討在時間壓縮下，應如何規劃都市複雜性。筆者認為當都市發展過程處於時間壓縮的情況下，都市的規劃投資必須增加，行政應更有效率，法規應更為明確，而治理應化整為零，唯有如此，方能面對快速都市化的挑戰。

圖13　時間壓縮下的都市發展與規劃

目前學界都意識到都市是複雜的，但是對於如何規劃都市複雜性並沒有一致的看法。都市複雜性意味著傳統視都市爲均衡系統的規劃思維必須有所修正。傳統的規劃觀念認爲計畫是獨立於都市之外，而規劃者可以透過計畫制定來控制都市的發展。不論從理論及實踐的角度，這種規劃思維是站不住腳的。事實上，都市無法被控制，而計畫與都市是共同演化的。規劃都市複雜性有如大禹治水，必須因勢利導，先制定計畫，再而使用計畫，進而制定以計畫爲基礎的決策，並藉以採取行動，以獲致所期望的後果。

計畫所能完成的事項是有限的，而要改善人居環境，除了計畫之外，尚需行政、法規與治理，或稱之爲都市管理的原則。簡單的說，計畫考慮相關的決策；行政在許可權限（authority）架構中從事決策；法規限定了權利；治理從事集體行動。這四種干預都市的方式都是以協調決策爲目的。規劃透過資訊的釋出，行政透過組織的設計，法規透過權利的界定，而治理透過集體的選擇來協調眾多的決策。

在時間壓縮下，都市的運作會發生什麼變化？這雖然需要系統性地研究，但是我們可以透過思考實驗（thought experiment）來理解。假設決策者以及區位是固定不變的，在時間壓縮下，至少有三種可能的情況發生：問題、解決之道以及選擇機會各自快速地流進系統中。假設這三個川流是相互獨立的，我們便可分別來探討它們對都市系統的影響。問題指的是現況與預期的落差；解決之道指的是縮短這個落差的方式；選擇機會指的是制定決策的場合。複雜都市系統可以由決策者、問題、解決之道、選擇機會及區位的機會川流來表示，我稱之爲空間垃圾桶模式（參見 1.14 節）。

首先，當問題快速地流入系統而解決之道及選擇機會流速不變時，系統無法及時地解決並消化這些問題，導致問題在很短的時間內快速地積累，而決策也無法有效地解決這些問題，直到解決問題的速率超過問題的流速，此時系統才能慢慢地消化這些問題。當解決問題的速率無法趕上問題的流速時，系統將一直處於問題不斷積累的狀況，甚至於導致系統的瓦

解。其次，當解決之道快速地流入系統而問題及選擇機會流速不變時，系統無法充分利用並消化這些解決之道，導致解決之道在很短的時間內快速地積累，而決策也無法有效地利用這些解決之道，直到利用解決之道的速率超過解決之道的流速，此時系統才能慢慢地消化這些解決之道。當利用解決之道的速率無法趕上解決之道的流速時，系統將一直處於解決之道不斷積累的狀況，進而導致系統資源的浪費。最後，當選擇機會快速地流入系統而問題及解決之道流速不變時，系統無法充分利用並消化這些選擇機會，導致選擇機會在很短的時間內快速地積累，而決策也無法有效地利用這些選擇機會，直到利用選擇機會的速率超過選擇機會的流速，此時系統才能慢慢地消化這些選擇機會。當利用選擇機會的速率無法趕上選擇機會的流速時，系統將一直處於選擇機會不斷積累的狀況，進而導致系統決策不具效率。

如果要讓系統維持正常的狀況，在時間壓縮下，必須將問題、解決之道以及選擇機會的流速加以調控，使得它們的相對流速一致，否則前述的情況便會發生。然而問題的發生是無法控制的，我們只能透過解決之道及選擇機會的控制來改變系統的行為。要控制解決之道的流速，我們必須控制解決之道發生的原因以及解決之道與問題的聯繫。這可以從減少研究發展的預算以降低解決之道的產生做起；另一方面，我們也可以減少解決之道與問題的聯繫，比如限制解決之道的使用範圍，以降低解決之道的功能。其次，要控制選擇機會的流速，我們必需控制選擇機會發生的原因以及選擇機會與其他元素的聯繫。這可以從減少正式及非正式會議以降低選擇機會的產生做起；另一方面，我們也可以減少選擇機會與問題及解決之道的聯繫，比如限制選擇機會的議題討論的範圍，以降低選擇機會的功能。至於決策者或區位的過剩，我們可以透過人口及土地的限制來控制它們的流速。

中國大陸過去 40 年的快速都市化可以視為時間壓縮下的都市發展過程，而資訊及通訊技術（Information and Communication Technology，

ICT）的發展更加速了這個過程。相較於正常情況下，在時間壓縮下都市系統的決策者、問題、解決之道、選擇機會以及區位以不同的相對速率加速或減速流轉，進而產生了各種問題。若要讓都市系統在時間壓縮下正常運作，必須調控這些元素的流速使得它們的相對速率一致。比如，當問題的流速相對增加時，應透過行政及組織的設計來改善決策制定的效率，以有效解決問題。都市管理透過規劃、行政、法規以及治理等決策協調的方式來管理都市複雜性；當都市發展過程處於時間壓縮的情況下，都市管理的規劃投資必須增加，比如增加都市總體規劃的頻率；行政應更有效率，比如改善組織設計；法規應更為明確，比如透過法規來界定產權；而治理應化整為零，比如推動由下而上的集體選擇過程。唯有如此，方能面對快速城鎮化的挑戰。

空間垃圾桶模式

　　都市往往由數十萬甚至上百萬千萬的人們所組成。這些人們扮演著不同的角色，或是政府員工，或是公司職員，或是開發商，或是居民等等。他們因不同的角色在特定的場所從事不同的活動，而這些活動透過交通及通訊網路來聯繫。他們或在辦公大樓工作、或在購物中心購物、或在公園從事遊憩活動、或在學校上課。這些活動、場所及交易網路構成了都市的基本元素，而元素之間的互動形成了都市的複雜現象，且這些現象是變動不居難以捉摸，也是從事都市規劃所面臨的主要挑戰。如果說我們都是生活在都市的叢林中，也應不爲過。

圖14　空間垃圾桶模式

　　都市活動可以說是由決策所觸發形成的，因爲有了決策才會採取行動，進而造成後果。購物的活動是因爲住戶決定要在何時何地進行採購而發生的。因此，構成都市的組成的元素包括了人們、解決方案、問題、決策情況以及場所在時間上以類似隨機的方式互動，形成了決策，促成了行動，進而產生了後果。這些元素的互動沒有一定的形態或規律，而難以捉摸。我們很難預測某開發商在何時於何地會從事何種開發，如果我們具有這種預見的能力，那麼在都市中從事活動的規劃便沒有它的必要性了，或者說解決都市的生活問題便是一簡單的工作。因此，都市系統可以視爲一

鬆散的組織，之所以稱之為組織是因為這些元素的互動並非毫無限制。例如特殊的活動只能在特定場所從事。一般而言，購物活動不能發生在公園或交通網絡上，而只能在購物中心進行。這些活動的限制可通稱為制度。

簡單地講，制度就是對決策或行動透過法規及設計等方式的限制。制度形成的主要原因在於降低決策的不確定性以減少交易成本，而制度又分為正式與非正式制度。正式制度多以法規的型態顯現，例如土地使用分區管制規則，而非正式制度多指的是風俗、習慣及文化等。不論是正式或非正式制度，一旦在體制內外形成了，便限制了可採取的行動或決策的選項，也就是說，制度限制了制定決策及採取行動的權利。在沒有土地使用分區管制的都市，一筆土地可做任何型態的開發，包括零售與住宅等。然而當實施土地使用分區管制後，一筆土地能做何種開發型態或強度，端視該筆土地座落於哪一個分區。因此開發決策的選擇權利被限制了。制度不是一成不變的，它隨著人們的需求而有所改變。一般而言，制度會隨著時間緩慢演變，而人類的歷史也可以說是一個制度演變的過程。

我們生活所在的都市，便是這些都市的基本元素，即人們、場所、解決方案、問題及決策情況，以一種難以預期的方式相遇，並在既有的制度限制下，產生了許多相互影響的決策、行動及結果。例如，當我們要從事購物的活動時，購物者是決策者，購物中心是場所，解決方案為所欲購置的財貨，問題是我們的日常需求，而決策情況則是形成決策的時機，例如家庭會議等。當這五個元素在適當的時機巧遇，購物的決策便有可能產生。例如，當家庭成員在某購物中心逛街時，碰巧看到一座新型的冷氣機，而經過考慮價格及收入因素，以及家庭需求時，便決定購買。或者是，發現該型冷氣機價格太貴，無法負擔，便放棄該款冷氣機的購買。幾乎都市內所有的活動都可以用這個概念來解析並說明。這個概念說明了在都市中人、事、時、地、物的流轉而呈現出複雜、多變而難以預料的現象。這個流轉的過程也隱喻著為何制定優質的決策是如此困難，更何況是制定更長遠的計畫。

　　垃圾桶模式（Garbage Can Model）由可漢、馬區及歐爾森（Cohen、March 及 Olsen）於 1972 年所提出，本是用來描述有限理性下組織運作之有組織的無政府特性（organized anarchies）。本節作者認為它也適合用來描述如都市發展的複雜系統運作過程，稱之為空間垃圾桶模式（Spatial Garbage Can Model）。例如，約翰·金登（John W. Kingdon）便運用修正後的垃圾桶模式來描述政府政策制定中議程（agenda）形成的複雜過程，並指出該模式與目前正流行的渾沌理論（Chaos Theory）有異曲同工之妙。因此，本節嘗試基於垃圾桶模式，將都市活動區位的空間因素考慮在內，認為特定的決策者（decision makers）、解決之道（solutions）、選擇機會（choice opportunities）、問題（problems）及設施區位（locations），在機會川流中隨機性地不期而遇，在一定的結構限制條件下產生了決策，進而解決了問題。筆者應用這樣的概念設計一電腦實驗，以 4x4 Graeco-Latin Square 的設計考慮元素互動之限制結構及型態間的相互影響。實驗結果發現管道結構（access structure）（什麼問題在何種情況下可解決）的主效果（main effect）在影響系統效能上，其在統計上是顯著地。但空間結構（spatial structure）（什麼選擇機會在哪裡可發生）之影響卻不顯著。這意味著都市系統演變，其傳統上以空間設計的方式來改善該系統的效能，不如以制度設計的方式來改變活動的行為來的有效。也許兩者應同時並行，以改善都市發展的品質。空間垃圾桶模式應可觸發許多其他都市模式所未探及的有趣課題，包括交易成本與都市系統演變的關係、複雜空間系統中制度產生的源由以及計畫對都市發展的影響等等，而這個模式也是本節觀察都市運作的主要視角。

　　具體而言，都市是複雜系統，組織也是複雜系統，而複雜系統具有共同的特性，因此描述組織的概念可以直接轉置（transpose）為描述都市的概念。由 Cohen、March 與 Olsen 等於 1972 年設計的垃圾桶模型（Garbage Can Model, GCM），運用電腦類比來描述組織的決策行為。由於決策制定的背景係處於目標模糊、決策技術不明確以及決策者偏好不穩定的模糊

情境，與決策相關的要素相互混雜且難以藉由明確的規律來界定它們之間的相關性，因而將決策作成的情境視爲一個垃圾桶。決策過程是問題、解決方案、決策者以及選擇機會等這些要素近似於隨機碰撞下的結果：決策者藉由參與選擇機會，採用解決方案來解決問題，但問題與可將之解決的方案未必能夠在適當的時機被同時提出討論並獲得處理，因此經常有無意義的決定或是未作出任何決定的情況發生。筆者的空間垃圾桶模型（Spatial Garbage Can Model, SGCM）加入空間的概念，除了原 GCM 中的四種要素之外，新增區位（locations）此一新的決策要素，視都市動態系統爲一組隨機遊走的要素交互作用、互相匯合進而產生決策或有活動發生。不同於傳統的空間模擬方法，在 SGCM 的模擬中，認爲決策發生的場所（即區位）是種充滿活力的機會川流並與其他元素相互作用。此外，SGCM 可視爲行動個體在系統內部遊走的動態軌跡，而不是由外向內觀察的靜態結果。

　　在 SGCM 當中，選擇機會（或稱決策情況）與其他要素的結合必然影響到某種區位決策，而決策也會影響該區位內所從事的投資和活動。區位以此概念附加在 SGCM 中，與其他要素以同樣的方式流動，也可以看成是區位在尋找合適的決策處境與方案、問題和決策者相互配合。更具體地說明 SGCM，包含有下列四種要素間對應的關係：(1) 決策結構（decision structure）定義爲決策者與選擇機會之間的關係矩陣；(2) 管道結構（access structure）定義爲問題與選擇機會之間的關係矩陣；(3) 解決方案結構（solution structure）定義爲解決方案與問題之間的關係矩陣；(4) 空間結構（spatial structure）定義爲區位與選擇機會之間的關係矩陣。

　　這些要素間的對應關聯式結構表達以矩陣的形式，以管道結構爲例，不同的問題元素排列於矩陣的列，不同的選擇機會元素排列於矩陣的行，而其中的元素值若爲「1」，則表示該列的問題可以進入該行的選擇機會以進行處理，「0」則代表該選擇機會沒有辦法或機會解決該問題。

　　都市是複雜的空間系統，有許多的行動者在空間裡互動，SGCM 將

此系統視爲一個許多獨立之川流要素聚集的模式，這些要素以隨機和不可預測的方式互動。爲使這個概念更加具體，運用格狀系統來表現模型中五種要素的相互流動與混合（圖 15）。系統中有議題（IS；即問題）、決策者（DM）、解決方案（SO）、選擇機會（CH）及區位（LO）等要素，在每個時間步驟中，每個要素的湧現（emerge）都會隨機地座落在方格系統裡，並隨機地往四個不同方向流動，當決策者、解決方案與區位所提供的能量超過問題與選擇機會所需要的能量時，並且特定的區位以及特定的選擇機會同時出現且符合結構限制的要求時，決策就此而產生；如果問題所相關聯的選擇機會與所需求的標準能量被滿足，這些問題就被解決了。

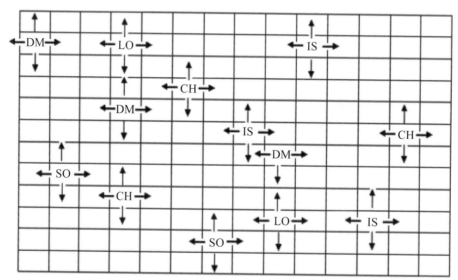

IS: issuse   DM: decisionmakers   SO: solutions
CH: choice opportunities   LO: locations

圖15　空間垃圾桶模型概念示意圖

　　電腦模擬結果顯示，從系統總淨能量的時間變化中，可發現所有模擬的變化趨勢都呈現出 V 字型曲線，且在早期的時間步驟中都快速地下降，而在後期緩慢地上升。此現象主要源自於要素流入系統的時間型態：大量

的問題與選擇機會在早期大量進入，產生相當大的能量需求，而在後期有越多的決策被制定與越多的問題被解決，能量需求逐漸減少，系統就恢復了它自身的總淨能量水準。結構的限制影響著能量變化的型態，限制程度較大的結構使得系統比較沒有能力去適應流入要素的騷動：越嚴格的結構限制，減少要素之間互相碰撞的機會，從而降低了做決策以及解決問題的機率，整個系統變的比較遲緩，也比較不具韌性。

筆者設計了一個希臘拉丁方陣（Graeco-Latin square）的模擬，能透過 ANOVA 來計算這個設計。根據檢定結果，在信賴水準 p < 0.05 下管道結構對系統總淨能量之影響有顯著的效應，其他三種結構則沒有，可推論出問題與選擇機會之間的關聯在系統行為中是最重要的因素，類似於制度設計，這結果很可能起因於問題與機會選擇是唯二的能量需求者，並且有相關聯的結構介於兩者之間。因此，管道結構扮演了一個重要角色，在特定的機會選擇中做決策，所相關聯的問題就會解決，進而減少系統的能量需求，增加總淨能量。這些發現也在實證研究中被驗證成真了。

1.15　21世紀都市規劃的新思維

　　我們正處於一個特殊的年代：現在全球的人口大約有一半是居住在都市中，而且到了 2050 年，估計有三分之二的人口會遷移到都市居住。隨著全球的快速城鎮化，目前在許多國家中，尤其是亞洲，出現了 1000 萬人以上規模的超大都市（megacity），包括紐約、倫敦、東京、首爾、上海以及北京等等。超大都市和一般都市不同：它們的生活步調比較快而且結構也比較複雜，尤其是多核心的空間結構。全球快速城鎮化以及其所帶來的種種問題儼然成為 21 世紀人類所面臨的巨大挑戰之一。面對這樣的挑戰，我們對（超）大都市的理解以及對規劃的思維必須有所調整。

　　由於遞增報酬（increasing returns）的關係，都市規模不斷的增長。理論上，在均質的平原上而且沒有科技及交通成本的限制下，人口的遷移最終會形成一個唯一的超大都市；而實際上，由於地景的變化以及科技和交通成本的限制，我們看到了大小不一的城鎮及聚落分散各地。但是每個國家都有一個超大都市形成，這個事實間接證明了上述的觀點。然而，超大都市是如何形成的？以 1000 萬人口的超大都市為例，如果該都市是由每個個人所組成，而每個人遷移到該都市的平均機率是 0.5，那麼該超大都市形成的機率便是 $0.5^{10000000}$，幾乎等於零。但是為何世界上卻仍有超大都市的出現？原因在於組成超大都市的是區塊，不是個人。假設這個超大都市是由 10 個 100 萬人口的區塊所組成，而每個區塊組成超大都市的機率也是 0.5，那麼這個超大都市形成的機率便增為 $0.5^{1000000} \times 0.5^{10} = 0.5^{1000010}$，這個機率雖然不高，但顯然比由個人組成的超大都市高出許多。以此邏輯類推，我們便可以推論，超大都市的形成必然是由不同層次的多個區塊所組成，而這些區塊構成了該都市的次中心。因此，超大都市必然是多中心的結構。

　　雖然以上的例子將事實簡化了許多，但是這樣的結構也說明了複雜系統的特性，即 Herbert Simon 所稱的幾乎可分解系統（nearly decomposable systems）。在這樣的系統中，子系統形成了階層的關係，而子系統內的元素互動要比子系統間的元素互動更爲密切。基於都市發展的不可逆性以及複雜系統的幾乎可分解的結構特性，我們可以推論，大都市的形成必然是由不同層次的多個區塊所組成，而這些區塊構成了該都市的次中心。因此，大都市必然是多中心的結構。我們可以看到在大都市中，次中心自組成互動密切的單元，而單元與單元間又不乏人流及物流的互動。面對複雜巨系統的大都市，規劃者的思維要如何調適？傳統單核心都市的規劃強調的是針對整個都市制定一個綜合性的計畫。然而面對多中心的大都市時，由於中心的多樣性以及都市規模的增加，都市顯得更爲複雜，此時規劃的力度、頻率以及數量都必須強化。因此，傳統以單個計畫控制整個都市的思維並不適用於多中心大都市的發展，取而代之的是制定許多不同層次、因地制宜且範疇大小不一的計畫，形成計畫的網絡，並進而協調這些計畫之間的關係，以適應都市發展的趨勢並改善都市環境。

圖16　因地制宜而不是控制

　　我們才剛開始以複雜系統的觀點來理解並規劃都市，而多中心都市正好是複雜巨系統的典型例子。它們的特性以及如何從規劃來面對，值得我們深入探討。

1.16　長尾理論與都市發展

　　有一本暢銷書，*The Long Tail: Why the Future of Business is Selling Less of More*（Hyperion, 2006），由 Chris Anderson 所寫，說明了網路時代的來臨，將打破以往經濟理論的架構以及企業行銷的策略，而將注意力從暢銷商品的投注，轉移到冷門商品的銷售。這些概念，看似與都市發展無關，但是根據筆者過去近二十年的研究發現，長尾理論其實也適用在理解都市發展的歷程。所謂長尾理論，指的是事物的發展，其規模與次數成反比，規模越大，次數越小。以地震為例，芮氏規模 7.0 以上的地震百年難得一見，而芮氏規模 4.0 以下的地震卻時有耳聞。令人驚歎的是，若將地震的規模當橫軸，且將地震的次數當縱軸，並取對數時，會發現地震在這個座標上的分布會成一直線，而這種關係也稱之為冪次法則（power law）。長尾理論主要在說明，商品的銷售量多呈現冪次法則的分布，而網路行銷使得冷門商品，即在冪次法則曲線右側尾端的商品，其銷售的機會將大為增加，且其銷售收益的總和足以與暢銷商品抗衡。

圖17　尾巴曲線

　　長尾理論應用在經濟學的另一例子爲孟加拉國經濟學者尤努斯，他創辦了「鄉村銀行」以無抵押微額貸款方式，造福了成千上萬的貧窮人，獲得了 2006 年諾貝爾和平獎。筆者認爲，尤努斯的成功，主要拜其五人聯貸互保策略以及深入長尾市場之賜。首先，五人聯貸互保策略充分將原有的社會網路移轉到聯貸的五人小組。當申請者還不出貸款時，其他四個成員也將受到處罰而無法再申請貸款。五人小組應是熟識者，且時常見面，從重複賽局的角度來看，合作的機會大爲增加，違約而損害他人權益的機率變小，因此，償還率可高達 97%。財富的分布也如冪次法則，窮人多，而富人少。尤努斯的鄉村銀行大大降低了申貸門檻，進而深入冪次法則曲線右側尾端的貧窮人市場，且其規模不亞於前端的富人市場。這兩個因素，共同創造了鄉村銀行的奇蹟。

　　根據筆者的研究（詳見拙作《複雜都市系統中的規劃原理：新觀點、新邏輯與新實驗》（中國建築工業出版社，2022）），不論都市間或都市內，都市發展無疑也呈現冪次法則的現象。因此，長尾理論也可應用來解釋都市的發展。例如，當我們將都市規模與大小排序統計並取對數

時，會赫然發現它們居然成一直線，這也就是所謂的戚普夫法則（Zipf's law）。此外，都市內各種土地使用的空間分布，若以碎形（fractal）的公式來計算，竟然也呈現冪次法則規律。從長尾理論的角度來看，大都會之所以能發展出來，不僅在於它有著傲人的建設，如臺北市的一○一大樓及上海市的東方明珠塔，而且在於它提供了一般居民對冷門商品無限的選擇機會，吸引人們的遷往。長尾理論提供了我們解釋都市發展一個新的思考方式，也讓我們將規劃的目光轉向冷門商品提供的無限潛力。

　　筆者曾經就過去三十年來，臺灣地區鄉鎮人口規模之分布進行統計，有兩個主要發現。首先，都市極化的現象越來越嚴重，也就是城鄉差距越來越大；其次，該城鄉人口分布呈現冪次法則。而臺灣鄉鎮人口規模的分布，也呈現這種規律。當我們將鄉鎮人口的規模與大小排序進行統計並取對數時，會赫然發現它們居然成一直線。

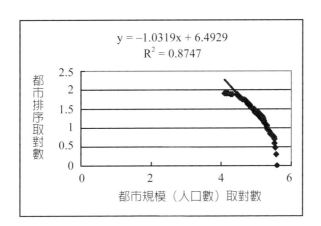

　　其實，由於過去都市發展的歷史因素，使得臺灣產業的區位選擇已經「鎖定」在北部區域，而這個趨勢難以以任何型式的政府政策扭轉。筆者亦曾經根據過去二十年來廠商增加的數目，將臺灣依區域計畫分成北、中、南、東四個區域，再根據合理的廠商聚集之區位選擇模式來進行電腦模擬，發現包括臺北都會區的北部區域，一直是廠商鎖定的對象。也就是

說，如果在現有條件不變的情況下，不論你喜歡與否，北部區域在過去、現在以及未來，都是廠商聚集之最，而廠商的聚集，自然帶動了人口及經濟活動的增長。減緩人口極化的鎖定效果便是改變冪次法則的斜率，這必須藉由產業及人口政策來進行，以緩解臺灣人口過度集中北部區域。中國大陸的高鐵建設對都市系統的發展會有何影響，似乎也可以用類似的思路加以分析。比如，可以先建立人口競爭的區域鎖定模式，以探討中國大陸人口分布的極化趨勢，進而將高鐵系統的因素加入模式中，以探討它對人口分布的影響。

再者，筆者根據都市發展過程的電腦模擬也發現，都市空間的物質硬體改善不如制度軟體訂定對都市的可居性產生巨大的影響；前者以空間作為手段來改變人的行為，而後者以法規作為手段來影響人的選擇。例如，建築宏偉的大都市不見得比具高度社會資本（social capital）或人際關係密切的村莊適合人居住，而且都市的許多問題，如交通擁擠，不是單靠空間結構的設計便能解決，還要配合健全的制度，例如合理的土地使用管制，方能奏效。

長尾理論的概念，源自於複雜科學。雖然長尾理論形成的原因，至今是一個謎，但是我們仍可以利用這個複雜系統的普遍現象，不僅創造出經濟利益，甚至能改善我們的都市環境。

1.17 三規合一的迷思

　　S. L. Hurley 所提出的一貫論（coherentism）其主要觀點是要打破行動理由涵蓋論（covering law）的解釋，而認爲行動的理由乃視採取行動的當時情況，所做的事後解釋。這個概念與曼德邦（Seymour Mandelbaum）所提出完全一般規劃理論的不可能性是一致的。曼德邦認爲一完整且一般性的規劃理論應包括所有與規劃過程相關的敘述，這些過程發生的環境以及結果。而且這個理論應包括所有與過程種類、環境與結果相關的命題。曼德邦的結論是，這種理論不可能存在。根據 Hurley 的一貫論以及 Mandelbaum 的不可能理論，Kieran Donaghy 及 Lewis Hopkins 提出一貫主義的規劃理論，認爲每一個計畫所面對的情境不盡相同，而計畫制定不在追求行動理由的涵蓋論解釋，而在於追求計畫一貫性的邏輯。

圖18　三規合一

　　這個概念與筆者所提出的框架理性（Framed Rationality）有異曲同工之妙。框架理性認爲人們的偏好判斷會因問題框架呈現方式的不同而有所

差異。相同的報酬在不同問題框架下，它的評價會有所不同。計畫可視為一組框架，因此即使針對同一結果進行偏好判斷，不同的計畫因框架的差異，將導致不同的偏好判斷結果。由此可知，計畫之間的不協調是一個常態。在都市的發展過程中會有許多計畫產生，例如交通、住房、土地及基礎設施等等。這些計畫之間往往產生衝突，例如同一塊基地，交通計畫建議做道路使用，住房計畫建議做住房使用，土地計畫建議做商業使用，而基礎設施計畫建議做汙水處理廠使用。都市規劃的重點不在追求這些計畫的一致性（consistency），而實際上這些計畫的制定因框架理性的關係也不可能達到一致性。我們應在從事土地開發的同時，提供相關計畫的資訊，以作為制定最終土地使用決策的參考。

　　按照這個邏輯展開，目前中國大陸推行的三（多）規合一：土地規劃、都市規劃以及環境規劃，恐難達到總體的一致性而完全沒有衝突。都市及國土是複雜系統，而相應的多元規劃或許比單一規劃反而更能解決問題。規劃單位應視計畫間的矛盾為常態，因而努力的方向應該是建立計畫資訊系統（Information System of Plans），當有關單位在審核某一筆土地的使用時，該系統能及時地提供相關計畫的資訊，作為該單位最終制定土地使用決策的參考。否則一味追求計畫的一致性，反而有走回計畫經濟的老路之嫌。

1.18 捷運是否造成房價上漲？

　　捷運是否造成房價上漲？答案是「視情況而定」。可分兩個方面來說：當捷運通過的地區尚未發展或已發展。一般而言，捷運的興建增加了沿線地區，尤其是捷運站附近的可及性。這些可及性可視為是額外的土地財產權，不為任何人所擁有，並流入到公共領域中，供人掠奪。於是，開發商透過在捷運沿線地區進行開發，從事卡位，以掠奪這些流入公共領域的財產權（即可及性），並透過房價的提高而將這些財產權資本化以謀取利益。最後，購屋者必須支付相應之房價以取得這些額外的財產權。因此，購屋者沒有得到便宜，因為他們必須付費取得捷運所帶來的土地增值。政府也沒有占到便宜，因為政府並沒有回收這些額外財產權的機制；反而開發商是捷運系統開發的最大贏家，因為他們是唯一獲取流入公共領域財產權的受益者（不考慮原有居民）。但是，當捷運通過的地區尚未發展或低度發展時，這些因捷運開發而流入公共領域的財產權勢必吸引開發商前來沿捷運路線開發。剛開始，開發量若沒有達到一門檻值，難以形成聚集經濟以吸引更多的投資者，因缺乏競爭，房價應不會飆漲，但是這些流入在公共領域的財產權便無人問津，形成浪費，故沒有效率。如果後來開發量超過該門檻值時，競爭形成，基於上述的邏輯，房價必然上漲。從另一個角度來看，當捷運通過的地區係高度發展時，由於開發的總量已超過遞增報酬的門檻值，根據前面所述的邏輯，同理，房價必然上漲。因此，捷運是否會造成房價上漲？則視所經過地區的開發情況而定。

圖19　捷運是否造成房價上漲

1.19 六都與都市發展及更新

一、都市與複雜

　　有關都市發展的理論一直在演變，且各種說法層出不窮，至今似乎尚無一定論。這也間接證明了都市是一複雜的現象，不論從實質面及社經面觀之皆然，而難以用一統的理論來說明其空間過程。過去許多學者曾經使用經驗法則、數學演繹及解經式的手法嘗試描繪都市發展的演變，雖然已經累積了許多這方面的知識，但是對於都市面貌的描繪，仍難以窺其全貌。但是隨著複雜科學的興起以及電腦科技的進步，研究者終於能將都市演變的現象，以自己扮演上帝角色的方式，玩弄於股掌之上。易言之，目前都市發展研究的新趨勢是以電腦模擬的研究方法，以下而上，從個體的互動及規則的設定，來發現都市演變集體突現的現象或規律。

　　至於電腦模擬在認識論上所扮演的角色為何？因為牽涉到科學哲學的領域，在此不便深入探討。但是筆者認為至少有兩個原因，使得電腦模擬的研究方式具有其價值。首先，電腦模擬兼具歸納法與演繹法的優點。主要在於電腦模擬可產生大量資料以供分析，故不同於純演繹法的偏重於定理的證明。此外，電腦模擬有一定的邏輯架構作依循，故又不似純歸納法的主觀論述。其次，傳統的數理演繹適合用來描述簡單現象；對於複雜現象的闡述，有其侷限性。因此，針對此數學的侷限性，學術界發展出了實驗數學（experimental mathematics）的領域（Chaitin, 2006）。而電腦模擬便可視為是實驗數學的主要研究方法之一。

　　就複雜理論而言，其為上個世紀末所發展出來的新興科學，屬於極為年輕的學門。甚至目前對於「複雜」兩個字的定義為何？也沒有統一的看法，更何況是要界定這個領域的研究範疇。然而，不可諱言的，複雜科學

自從 1980 年代在美國聖塔菲學院（Santa Fe Institute）創立以來，已引起科學界的重視。未來複雜科學究竟能否對人類社會做出重大貢獻，尚難定論。但是以複雜科學為主題的期刊、書籍、研討會及研究中心，已在歐美如雨後春筍般地蓬勃發展。而且複雜科學發展至今已由理論的建構引用到實際問題的解決，包括經濟學、企業管理、物理學、計算機科學以及生物學等等。其影響所及可謂無遠弗屆，主要係因為這些領域所研究的複雜系統，如經濟體、組織、物理系統、電腦程式及生態系統等，皆具複雜科學所敘述的系統特性，而能以一貫的概念闡述之。

都市無疑地是一複雜系統，因此在複雜理論的概念推出後，立刻受到都市模型研究學者的注意，並即投入如何引用複雜科學來詮釋都市發展的探索。其中，立即被都市學者應用的模式便是細胞自動體（Cellular Automata，或 CA），因為 CA 的特性與都市的特性有許多雷同之處。CA 以細胞（Cell）作為空間組成的單元，而細胞間的互動以一定的規則在一定的空間及時間範圍內互動。這個概念與都市發展的特性看似吻合。細胞可視為宗地，而宗地間的影響受到鄰近宗地的特性以一定的型式展開，突現出集體都市發展空間的特性（參見圖 20）。姑且不論這樣的比擬是否正確，以 CA 模式來理解都市的空間過程，確實也產生許多值得探討的議題及發現。這方面最具代表性的學者，莫過於 Michael Batty（2005），在其所著 *Cities and Complexity* 一書中，介紹了如何應用 CA 的基礎研究來模擬都市的發展。從另一方面來看，CA 卻又可視為一抽象的模式語言，如同數學語言，用來了解任何複雜系統演變的特性。其中細胞並不具有特定的實質意義，只是一種抽象的符號資訊，而重點是在於這些符號資訊所呈現的形態，可用來解釋複雜系統的動態過程。最具代表性的學者為 Stephen Wolfram（2001），在其所著 *A New Kind of Science* 一書，很完整地說明 CA 作為一種抽象的模式語言，如何能藉以解釋自然界許多的複雜現象。

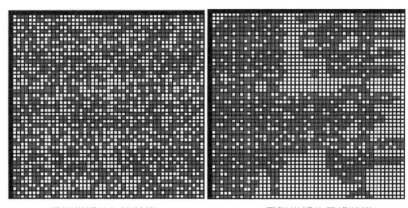

電腦模擬的初始狀態　　　　　　　電腦模擬的最終狀態

圖20　利用CA進行的格狀都市模擬結果以顯示都市的自我組織過程

　　在 CA 模式中，細胞的區位是固定不變，且所代表的是宗地，而忽略了人的活動，因此學者便針對這個弱點提出了多個體系統（Multi-Agent Systems，或 MAS），作爲涵蓋人類活動的都市發展模式（Parker 等，2003）。在 MAS 中的個體不再是固著於區位上，而是可移動的，且彼此間互動，產生集體突現的現象，以便使得模式更趨於眞實。目前應用 MAS 探討都市及空間現象的論文也逐漸增加，例如美國地理學會（Association of American Geographers）近年來在年會中都有關劃複雜理論的專題議程，其中 MAS 也是探討的主題之一。而美國規劃院校學會（Association of Collegiate Schools of Planning）年會近年來也出現了類似的專題議程。此外，歐洲規劃院校學會（Association of European Schools of Planning）在 Cardiff University 的 Chris Webster 教授的領導下，近年來也成立了複雜主題小組（Thematic Group on Complexity），專門以複雜理論從事與都市發展有關課題的研究。可見以複雜理論作爲探討都市發展演變的範型（paradigm），近年來已受到西方國家的重視，且研究活動十分活躍。除了描述都市發展空間演進的變化外，以複雜理論爲基礎的電腦模擬尚可用來探討規劃如何對都市發展產生影響。目前這方面的探討較少，主要是因爲對計畫的定義尚有爭議。但根據筆者從事垃圾桶模式

（Garbage Can Model）研究的經驗（Lai, 1998; 2003; 2006），如果我們能以 CA 及 MAS 的構成元素定義計畫，這方面的研究應值得去做，且具有實務上的價值，因爲到目前爲止，計畫對都市發展的影響爲何，很難去衡量。如果我們能了解計畫對都市發展演變的影響，便能夠知道何時及如何制定適當的有關都市發展之計畫。

筆者深切認爲，複雜理論中有許多概念，一反凌駕前兩個世紀科學界的化約主義（reductionism），以整體的觀點看待這個世界的萬事萬物，而此與傳統中華文化的宇宙觀是不謀而合的。舉例來說，圖 21 中左圖是中國傳統的太極圖而右圖是根據 Wolfram 基本單維細胞自動體 (elementary one-dimensional cellular automata) 中 110 規則所做的時空模擬，兩者皆以八卦做爲基本構件，雖然所呈現的樣貌或有不同，但在結構上卻有雷同之處，亦即陰（黑）陽（白）以特定的形態相間，或許其間有奧妙的關聯性。

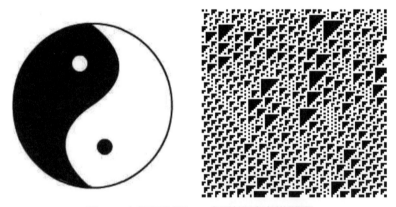

圖21　太極圖以及110規則的時空模擬圖

二、六都與都市發展

縱觀此次縣市合併升格的過程，六都的設計完全違反學理依據。首先，都市發展因具不可逆、不可分割、相關以及不可預見等特性，必須依據計畫從事，而不是以錯誤控制的試誤法進行。其次，北、中、南六都的

劃設,根據筆者的推論,不可能達到區域均衡的效果。

　　筆者曾就過去三十年來,臺灣地區的鄉鎮人口規模之分布進行統計,主要發現在於都市極化的現象越來越嚴重。接下來的問題是,到底人口集中到哪些都市去了?再據歷年來廠商增加的數目,將臺灣依區域計畫分成北、中、南、東四個區域(參見圖22),發現包括臺北都會區的北部區域,一直是廠商「鎖定」的對象。也就是說,如果在現有條件不變的情況下,不論你喜歡與否,北部區域在過去、現在以及未來,都是廠商聚集之最;而廠商的聚集,自然帶動了人口及經濟活動的增長。因此,結論是,根據廠商聚集的「鎖定」效果與都市分布的排序規模法則來看,研判

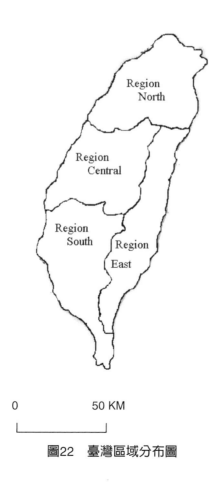

圖22　臺灣區域分布圖

南北不均衡發展將難以打破。以升格的方式來達到南北均衡的理想，恐怕難以實現[1]。

　　或謂，升格縣市預算的增加，帶動地方建設及發展，也可吸引人潮遷入。但是筆者最近的研究也顯示，預算分配並不會影響人口的分布（薛明生及賴世剛，2009）。

三、六都與都市更新

　　都市更新在六都選舉的氛圍下，突然變成了熱門話題。之前，臺北市政府曾宣布將成立「都市更新開發公司」，冀望結合民間力量，以達到都市再造的目的。臺北市都市更新業務進度緩慢的原因，主要在於，當初劃定都市更新單元的標準，僅就都市環境窳陋地區作為唯一的考量，忽略了都市發展或開發市場的驅動力。這些都市更新單元乏人問津的原因，主要在於開發成本過高，包括土地整合及與地主談判，以至於開發商利潤有限。其次，由於這些單元所在區位，不見得具有市場潛力，導致開發商面臨的風險極大，望而卻步。

　　從都市規劃的角度來看，政府劃定都市更新單元，形同由上而下的規劃手法。但是，由於市場的力量無人能敵，如果計畫無法考量市場的因素，計畫必將落空。「都市更新開發公司」的成立，期待它能做好一個政府與民間的溝通橋樑，共同重塑臺北城的風貌。

　　另外，臺北市政府突然宣布為獎勵四、五層樓老舊公寓實施都市更新，進而放寬容積達原來法定的兩倍之多，引起業界及學界的一陣討論。當大家的觀點關注於此舉對臺北市都市環境所帶來的衝擊時，筆者認為我

1　有關臺灣都市極化現象以及廠商區位「鎖定」效果的詳細論述，請參見薛明生及賴世剛（2002）以及賴世剛及陳增隆（2002）。

們更應該探討的是容積獎勵的法源基礎。

　　容積是一種兼具法律及經濟意義的財產權，它隱含著財富的擁有及分配。有關財產權權利的原由，可來自文化及社會的合法性，例如最近常被討論的死刑是否應廢除；政府，例如市府的容積獎勵；以及公共領域的獲取，例如國際間經濟海域的劃分。顯然地，容積獎勵的法源基礎係來自政府運用其基於武力壟斷性的警察權而為之。問題是，這些額外容積所創造的財富，是否具有正當性以及應如何分配？這個問題所牽涉到的更寬廣議題是，是誰才真正擁有臺北市？

　　雖然由於財產權分配的複雜性，回答這個問題並不容易，但是可以確定的是，臺北市應屬於全體市民所擁有，而不是臺北市政府或市長一人所有。眾所周知，政府介入的時機，乃在於當市場失靈之時，例如當公共設施等集體財提供不足之時。在沒有政府介入的合理性之下，郝前市長所推出的容積獎勵措施顯然缺乏正當性，而它所凸顯的問題是，臺北市是屬於市政府所擁有，而不是市民共有。

　　綜觀政府實施多年的都市更新，成效十分有限，究其原因，不外乎政府政策與民間市場脫節。以臺北市為例，由政府所劃定的都市更新地區或都市更新單元，大多閒置，乏人問津。導致民間業者望而卻步的主要原因，在於政策與市場脫節以及產權難以整合，使得開發商無利可圖，自然缺乏進場的誘因。此外，國內對都市更新的概念，仍停留在建物的改建，殊不知，社會經濟環境的塑造，更形重要，臺北市西門圓環以及紅樓劇場的更新案，殷鑑不遠。從過去扁政府國有土地釋出的更新政策中，不難看出政府對都市更新的高度期待，但是除了響亮及華麗的口號外，卻也看不出實質的社會經濟環境的重塑。都市更新要成功，政府必須付出比平地起高樓更多且持續的心力。

　　都市的問題如同生命科學為有組織的複雜（organized complexity）（Jacobs, 1993），如同生命體，都市更新的目的是修補都市複雜功能無法彰顯的地區。從這個觀點來看，從事都市更新有一些原則須把握：

　　（一）都市更新在都市發展較爲迅速的地區比較迫切需要，因爲在這些地區的都市發展變化較大，都市病，如交通擁擠與空氣汙染，也較容易產生；

　　（二）都市更新不是改建；它不只是建築物的興建，尚包括社會經濟結構的重建。唯有同時考量實質環境的空間設計與社會經濟環境的制度設計，才能達到良好的都市更新效果；

　　（三）都市更新的進行必須有綜合性的計畫作爲指引，如此以計畫爲基礎的更新行動，在面對都市複雜的不確定性，方能保證都市更新的集體效果。

2
部分

都市規劃科學

都市規劃科學理論架構

一、引言

　　任何一門科學，追本溯源，皆不免必須觸及到哲學的層面。本節的主旨在於先就科學哲學的立場，探討都市規劃科學的立論基礎，以作爲本書後續論述的依據。都市規劃科學的知識根源在於規劃理論，但是目前規劃理論的發展已偏離對規劃本身的探討，而係針對都市發展議題進行探索。即使就現有文獻涉及規劃本身理論的建構時，亦甚少論及哲學的層面。本書規劃學立論基礎係建立在自然科學哲學的湧現論（emergentism）、社會科學哲學的一貫論（coherentism）以及老莊學說。

（一）湧現時代的來臨

　　目前正處於一個科學發展的戰國時代，因爲在西方，以希臘哲學爲基礎的還原論（reductionism）正在或即將瓦解，取而代之的將是湧現論（emergentism）（Laughlin, 2005）。前者主張透過探究宇宙或系統的基本組成分子以及它的原理，我們可以掌握宇宙或系統；而後者認爲宇宙或系統之奧妙在於這些組成分子其組織的原理，因此理解宇宙或系統的奧秘在於發覺現象湧現的定律。湧現指的是組成系統的分子間互動，而形成整體系統的質變。目前世界的科學圖像正處於空前的典範移轉（paradigm shift），而且根據 1998 年物理學諾貝爾獎得主勞林教授（Robert B. Laughlin）的觀察，我們將面臨湧現論的新時代。

　　在這個湧現論的時代中，以往被視爲金科玉律的基本物理原理將被打破，包括愛因斯坦的相對論，取而代之的是新的科學典範，包括複雜（Complexity）。基本物理原理雖然仍然維持它在科學界的崇高地位，但

是日常生活的現象其背後的成因，在湧現論的時代也隨之顯得重要。以電腦爲例，了解電腦的基本運作方式，甚至包括量子力學，雖然重要，但是如何使用電腦處理日常的事務也同樣的重要。在湧現論的時代，基本物理原理與日常生活結合，它們不再是曲高和寡而被少數專家壟斷的知識。

在湧現論的時代中，科學知識所追求終極目標的是構成宇宙層級間現象湧現的規律，而不僅僅針對某一層次現象成因的解釋。而在湧現的世界中，並不存在解釋所有事物的終極理論（A Theory of Everything），而是有許多的理論解釋不同的現象。這個觀點與傳統科學還原論所引發的實證論不同。

還原論認爲，人類靠理解能獲得客觀的知識，而實證論（positivism）是唯一獲得客觀知識的科學工具。這個看法，受到前四個世紀自牛頓以來物理學的空前成功，深深影響我們的生活，而受到鼓舞。因此，以還原論爲基礎的實證科學，儼然成爲現代科學哲學及方法論的代名詞，不僅深深地影響了自然科學的進展，也同時改變了社會科學的科研導向。最明顯地，莫過於經濟學的發展。

新古典經濟學其實就是仿效古典力學的發展，想要嘗試將經濟學建構成如古典力學的硬科學（von Neumann 及 Morgenstern，1972）。例如，新古典經濟學假設經濟人是完全相同的理性個體以追求預期效用的最大化。於是，經濟體便像是巨型的物理系統，不僅經濟人成爲了相同的分子或粒子，在這些經濟人互動下所組成的巨型經濟體，也如同物理系統般，最終達到一個均衡的狀態。

這個概念深深影響了都市規劃理論的發展。在上個世紀的 60 年代所盛行的數理都市建模，便假設都市的發展最終趨向均衡。在均衡狀態下，每一位居民根據他的所得以及交通成本，最終均能找到最適的居所。因此，當都市處於均衡狀態時，不會有遷移的活動，而土地使用也將維持固定的型態。都市規劃無非是透過干預讓都市發展達到所期望的均衡狀態。

新古典經濟學的假設以及傳統都市規劃理論顯然與事實不符。每一個

經濟人因所面對的決策情境不同，他的思考邏輯以及行為都不盡相同。此外，經濟體因為個人行為及互動的複雜性，也不會達到均衡的狀態。都市發展亦是如此；沒有居民區位的選擇行為是相同的，都市發展也不會達到均衡的狀態。在經濟學的領域中，已逐漸有越來越多的經濟學者持著這樣的觀念架構，稱之為複雜經濟學（Complexity Economics），其中的代表人物是 Brian Arthur（2015）。

複雜經濟學不是新古典經濟學的延伸，它在基本假設及研究方法上不同於後者。複雜經濟學承認經濟人是多樣的，是有限理性的，而且是以歸納而不是演繹的方式從事選擇。尤其重要的是，複雜經濟學不認為經濟體會達到均衡的狀態，而是一直處於遠離均衡的狀態，不斷的更新與變化。在這樣動態的變化當中，經濟個體的互動又能湧現出有序的結構，例如各種組織。質言之，複雜經濟學強調的是經濟人的互動湧現出總體的結構，而總體的結構又使得經濟人必須重新適應新的環境，周而復始，進而形成個體與總體共同演化。在研究方法上，傳統以數理建模的方式很難捕捉經濟複雜體運行的機制，因此複雜經濟學的分析絕大部分仰賴電腦模擬進行理論的探討。

都市的發展也是如此。開發商類似複雜經濟學的經濟人，而都市猶如經濟體。開發商以有限理性的歸納方式進行區位的選擇，而這些大量選擇行為的互動結果形成了我們所觀察到的都市環境。有趣的是，這些看似無序的互動的開發行為竟然能湧現出有序的局部結構。例如，透過電腦模擬，我們發現在一假想的都市中，在沒有干預的情況之下，商業活動或者居住活動傾向聚集在一起，並且形成統計上的冪次法則（power law）（Lai, 2021）。

湧現論宣告了經濟學中均衡分析時代的終結，也宣告了都市學中追求均衡發展時代的終結。它意味著都市是遠離均衡的複雜系統，而傳統規劃依賴均衡分析透過集體選擇來解決市場失靈的問題（集體財及外部性）是不足以應付多變的都市複雜。都市發展還面臨因 4 個 I 所造成的動態失

靈：相關性（Interdependence）、不可逆性（Irreversibility）、不可分割性（Indivisibility）以及不完全預見性（Imperfect Foresight），使得都市發展無法達到均衡的狀態。因此，規劃除了面對不確定性外，還必須面對複雜性。面對都市的複雜性，計畫有其必要以解決動態失靈的問題，此正凸顯了行為規劃理論的的迫切性。

（二）一貫論的觀點

　　一貫論（coherentism）的主要觀點是要打破行動理由涵蓋論（covering law）的解釋，而認為行動的理由乃視採取行動的當時情況，所做的事後解釋（Hurley, 1989）。這個概念與曼德邦（Mandelbaum, 1979）所提出完全一般規劃理論的不可能性是一致的。曼德邦認為一完整且一般性的規劃理論應包括所有與規劃過程相關的敘述，這些過程發生的環境以及結果。而且這個理論應包括所有與過程種類、環境與結果相關的命題。曼德邦的結論是，這種理論不可能存在。根據 Hurley 的一貫論以及 Mandelbaum 的不可能理論，Danaghy 及 Hopkins（2003）提出一貫主義的規劃理論，認為每一個計畫所面對的情境不盡相同，而計畫制定不在追求行動理由的涵蓋論解釋，而在於追求計畫一貫性的邏輯（參見第一部分 1.17 節）。

二、複雜的都市

　　不可否認地，地球上絕大多數的人是生活在城鎮中，不論小自幾十戶人家的村落，大到數千萬人的超級都會區。一般稱這些聚落為人居地，本書則通稱為都市。因此，都市生活是大多數人必須每天面對的現實，從工作、購物、求學到休閒娛樂，林林總總的活動在都市環境中展開。而這些活動在時間、空間及功能上相互影響，使得我們所面對的世界可視為是一

複雜系統。例如，在大學中選課，這個學期所修的課將會影響到未來其他學期選課的方向，甚至於畢業後就業或深造的取向，表示選課的決策之間在時間上是相關聯的。大賣場設置的位置影響主要道路的路線，而主要道路的路線又影響大賣場設置的位置，表示大賣場與道路路線的決策在空間上相互影響。當路人佇足在十字路口等待綠燈通行時，順便流覽雜貨店櫥窗的貨品時，雜貨店、十字路口及紅綠燈設置的決策在功能上是相連的。這些錯綜複雜的決策影響網路，使得事物的因果關係極其複雜，難以明辨之間的關係，更使得預測成為困難的工作。

（一）獨立、相依及相關決策

　　縱使決策互相影響交織成複雜的因果網路，然而兩兩決策間的關係不外乎三種型態：獨立、相依及相關。當我們說甲、乙兩決策是獨立的時候，表示甲的決策不會影響乙決策的選擇，反之亦然。美國拜登總統決定是否攻打俄羅斯，不會影響我今天要去哪裡購物，反之亦然；這兩個決策是相互獨立的。如果甲決策影響了乙決策的選擇，而乙決策不會影響甲決策的選擇，我們說這兩個決策是相依的。例如，河川上游的發展因對水質的破壞會影響到下游的用地決定，但是下游的用地決定不會影響上游的發展。當兩個決策相互影響時，我們說這兩個決策是相關的。例如，現在的選課決定與畢業後未來的就業方向互為影響，表示選課的決策與就業取向是兩個相關的決策。決策間獨立、相依及相關的關係，可以用賽局來表示，如賽局 1、2 及 3 所示（賴世剛，2012）。

　　假設有兩個地主 A 與 B 分別擁有相鄰的兩塊地，而他們可以就所擁有的基地從事住宅或零售使用的開發。假設賽局 2 至 3 中的數字分別代表採取相關行動後，A 及 B 所獲得的報酬。例如，在賽局 1 中，當參與者 A 進行零售開發而參與者 B 採取住宅開發時，此二地主所獲得的報酬分別為 9 與 8。假設報酬數字越高越好。在獨立賽局中，即賽局 1，不論 B 採取何種行動，A 均會從事住宅開發，因為 A 會因此獲得 12 單位的報

酬，比從事零售開發的報酬 9 爲高。同理，不論 A 採取何種行動，B 都會從事零售開發，因此我們可預期這個賽局的結果是 A 從事住宅開發而 B 選擇零售開發，所獲得的報酬分別爲 12 及 13。值得注意的是，A 與 B 的決策互不影響，也就是說它們是獨立的。

賽局1

獨立賽局

		參與者B	
		住宅	零售
參與者A	住宅	12，8	12，13
	零售	9，8	9，13

賽局2

相依賽局

		參與者B	
		住宅	零售
參與者A	住宅	1，8	10，13
	零售	17，8	9，13

賽局3

相關賽局

		參與者B	
		住宅	零售
參與者A	住宅	11，8	10，12
	零售	17，8	9，5

（二）都市是複雜系統

　　都市問題究竟是個什麼樣的問題，到目前為止學界還沒有一個定論。針對都市的理解，學者從社會學、經濟學以及生態學等方面入手，莫衷一是。美國知名都市理論家 Jane Jacobs（1961）早在上個世紀 60 年代對都市問題有深入的剖析。她引用 Warren Weaver 博士的論點，認為科學思考的歷史進程有三個時期：

1. 處理簡單（simplicity）問題的能力：此類問題包括兩個相關的因數或變數，例如 17、18 及 19 世紀的物理學所想要解決的問題，如氣體壓力與容量之間的關係。

2. 處理無組織複雜（disorganized complexity）問題的能力：這類問題包括 20 世紀物理學想要解決的另一個極端的問題，例如應用機率理論及統計力學來解釋極多數的粒子碰撞現象。

3. 處理有組織複雜（organized complexity）問題的能力：這類問題介於前兩者之間，例如生命科學，包括大量的因數相關而形成有機的整體，而且直到 20 世紀後半葉解決這類問題方獲致進展。

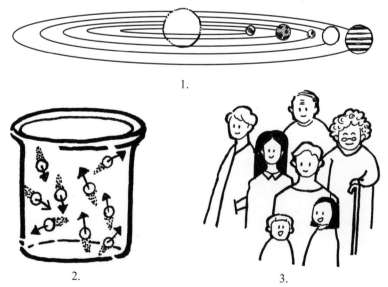

1.

2.　　　　　　　　　　　　　3.

圖23　科學的歷史進程有三個時期

　　筆者認同 Jane Jacobs 的觀點，認為都市問題如同生命科學，是有組織的複雜問題，因為它包含數十到數百個變數同時變化，並且以微妙的關係相互影響，而這個概念與複雜科學對巨型系統的詮釋如出一轍。事實上，21 世紀科學界所面對的最大挑戰是如何理解複雜現象以及解決因複雜系統所產生的種種問題，而都市便是一種有組織的複雜問題。

　　大約與 Jane Jacobs 同時，Christopher Alexander（1965）以集合論中樹及半格子結構表示集合元素之間的關係，用以說明都市結構的特性。其中，人造都市的結構往往是簡單的樹狀結構，而自然都市的結構則是半格子狀的複雜結構。具體而言，樹狀及半格子狀結構的定義分別如下：

1. 樹狀結構的定義是：一組集合元素形成樹狀的關係，若且唯若任意兩個子集合屬於這個集合的話，它們不是有著包含關係便是有互斥關係。也就是說它們沒有部分重疊的現象。

2. 半格子狀結構的定義是：一組集合元素形成半格子狀的關係，若且唯若當兩個重疊的子集合屬於這個集合的話，它們的共同元素也屬於這個集合。也就是說它們有部分重疊的現象，而且重疊的子集合也屬於這個集合。因此，任一樹狀的結構也是半格子狀的結構，但是半格子狀結構不同於樹狀結構。

　　Christopher Alexander 認為人造都市之所以是樹狀結構，因為設計者將都市分割為不互相重疊的社區，而社區之下又包括不互相重疊的鄰里，而構成簡單的樹狀結構。反觀自然都市，不同設施所涵蓋的功能區互相重疊，如教室或廟會、郵局、小學等等，形成相互重疊的複雜的半格子狀結構。

圖24　樹狀與半格子狀結構的集合元素

圖25　樹狀結構

　　延續 Jane Jacobs 以及 Christopher Alexander 對都市問題及結構的觀察，Michael Batty（2013）整合了上個世紀學者從都市經濟學、交通運輸學以及區域科學等的計量建模的研究成果為基礎，嘗試建立都市新科學（The New Science of Cities），並認為以複雜理論理解都市有以下的基礎概念：

1. 均衡及動態（Equilibrium and Dynamics）：都市發展常處於不均衡的狀態而對於都市發展動態的了解顯得十分重要；

2. 形態及過程（Patterns and Processes）：都市發展是由許多個體決策及其互動在時間及空間上積累而成，並湧現出整體動態穩定的形態；

3. 互動、流動與網路（Interactions, Flows, and Networks）：都市是不同的個體在時間及空間上互動而形成；這些互動關係構成了網路，而在實質網路上各種物質進行流動；

4. 演化與湧現（Evolution and Emergence）：都市發展在時間的整體演變進而湧現出空間及時間上的秩序；

5. 尺度化法則（The Laws of Scaling）：都市在不同的尺度下呈現相似的形態，而且某些系統參數維持不變。

　　此外，都市發展在很大的程度上是受到遞增報酬（increasing returns）的機制所影響。根據 Brendan O'Flaherty（2005），規模遞增報酬指的是同一類型的輸入（inputs）使用的量越多，使得產出（outputs）的效果越佳。都市具有規模遞增報酬的特性，這也是都市增長的原動力。例如，軍事都市的城牆長度與所能保護的面積成非線性的正比，當城牆的長度以倍數增加，所能保護的面積以超越倍數的比例增加。與規模遞增報酬相似的概念是規模經濟（economies of scale），以強調生產的成本面。聚集經濟（agglomeration economies）是都市增長的最重要的規模經濟。另外，Brian Arthur（1989）也用規模遞增報酬解釋科技競爭的現象。主要的論點在於當某科技在市場取得領先的地位，由於規模遞增報酬的關係，一旦該科技領先的幅度超越某一門檻值時，便會壟斷該市場而形成鎖定效果（lock-in effect）。我們無法事先預測哪一個科技會鎖定該市場，因為這取決於競爭過程中的小事件。都市系統中都市間的競爭與消長也可採用類似科技競爭的規模遞增報酬的概念。我們可以視每一都市為一科技，市場佔有的規模表示都市的人口規模，在允許都市間遷移的情況下，考慮了地理優勢及遷移成本等的因素，我們可以建立電腦模擬來探討這些都市間

人口規模的消長關係（Lai, 2021）。

　　隨著對都市複雜的了解越來越深入，人們開始體認到都市作為複雜系統的特性之一是非均衡或遠離均衡的發展過程；換言之，都市中實質環境（建築物與土地）與都市活動兩者均不能達到均衡，原因如下：

1. 如前所述 Lewis Hopkins（2001）認為都市發展的投資決策具備有 4 個 I 的特性：相關性、不可逆性、不可分割性以及不完全預見性，造成土地的交易產生交易成本，並使得區位的動態調整（dynamic adjustment）無法及時反應環境的變遷以達到最適的投資選擇，進而形成都市的發展無法達到均衡的狀態。

2. Brian Arthur（2015）認為經濟體（都市活動的主體）內生產生非均衡性，主要有兩個原因：基本的不確定性（fundamental uncertainty）以及科技的變遷（technological change）。前者指的是經濟個體均面臨不確定的選擇，如果再考慮策略行動的話，更造成極其不確定的行為，使得整個經濟體的演變無法以演繹的方式加以推理；後者指的是科技改變過程本身即充滿了不確定的因素，而科技演變也支撐著經濟體結構的變化，使得經濟體的演變難以預測。這兩個因素相互強化，更使得經濟體的演變難以達到新古典經濟學所假設的均衡狀態。

　　另外，遞增報酬是複雜經濟學重要的基礎概念，而且與聚集經濟有著密切的關係。Brendan O'Flaherty（2005）認為聚集經濟是都市增長的原動力，而聚集經濟指的是當更多的活動在都市中產生時，造成生產成本下降。聚集經濟包括兩種型態：地方化經濟（localization economies）及都市化經濟（urbanization economies）。地方化經濟為在某種產業內因有許多廠商的存在而使得生產成本降低。都市化經濟指的是當有許多人聚集在一起，不論他們的產業為何，造成生產成本降低。更具體而言，聚集經濟可以下列方式呈現而造成都市的成長：

1. 分工化（specialization）：在大都市中因分工而產生有許多特殊的產業並使得生產成本降低以及生產過程平順。

2. 需求流暢（demand smoothing）：在大都市中，因爲可及性使得資源分享，可以降低生產成本並提高生產效率。

3. 中間生產要素的規模經濟（intermediate input economies of scale）：中間生產要素的規模經濟可吸引下游廠商到都市中交通便利的地點設廠，如機場或交流道附近。

4. 外部性（externalities）：有時某廠商的產品影響另一廠商的生產成本，尤其是知識，此種廠商在都市中的聚集可以造成生產成本的下降。

5. 較低的搜尋成本（lower search costs）：在都市中較鄉村中容易找到你所需要產品或生產要素。

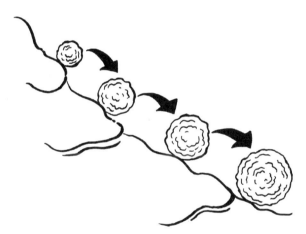

圖26　遞增報酬是複雜經濟學重要的基礎概念

（三）管理都市複雜

　　一般人對計畫有過高而不切實際的期待，認爲一旦都市制定了計畫，所有的問題便相應地獲得了解決。其實計畫所能完成的事項是有限的，而要改善建成環境，除了計畫之外，尙需行政、法規與治理，或稱之爲都市管理。簡單的說，計畫考慮相關的決策（這也是本書的重點）。行

政係在組織中從事決策。法規限定了權利。治理從事集體行動（Hopkins, 2001）。

在對計畫有過高期待的情況下，Horst Rittel 及 Melvin Webber（1973）認為，規劃問題變成令人討厭而極難以處理的問題（wicked problems），而這類問題有 10 個特性，與科學及工程問題不同：

1. 規劃問題沒有一定的定義公式，也就是說規劃問題是難以充分定義的；
2. 規劃問題的解決永無止境，規劃師不知何時會找到問題的答案；
3. 規劃問題的答案不是對與錯，而是好與壞，因為視觀察的角度不同而異；
4. 規劃問題的答案沒有立即及最終的測試，因為問題的答案往往造成其他問題的產生；
5. 規劃問題的答案只有一次機會，因為無法以嘗試錯誤法進行，而每一測試都很重要；
6. 規劃問題的可能答案無法一一列舉出來，而答案的操作方式也無法完全加以定義；
7. 每一個規劃問題都是獨一無二的，總會有獨特而重要的性質與其他問題不同；
8. 每一規劃問題會是另一問題的表徵，因為解決某一問題往往造成另一問題的產生；
9. 規劃問題造成的原因可以用許多方式加以解釋，而解釋的選擇決定了解決方式的性質；以及
10. 規劃師沒有犯錯的權利，規劃師必須對他們所採取行動的後果負責，因為會有許多人受到行動的影響。

這 10 個規劃問題的特性正顯示出規畫的對象，都市，是一複雜系統，而面對這類問題，完全控制的綜合性規劃以及否定規劃的漸進主義都不妥當。比較恰當的方式是介於兩者之間，針對問題的特性，確立適當的計畫範疇，以制定及使用計畫，並採取以計畫為基礎的行動。

　　傳統的規畫概念視都市為均衡系統，而規劃是對這樣的系統進行干預，以解決市場失靈的問題，並認為市場失靈主要包括三種類型（Hopkins, 2014）：

1. 外部性（externalities）：指的是產生外部性的個體並未考慮其他受影響個體的效果，因為這些效果的信號（signal）並未顯現。例如工廠所產生的空氣汙染等。

2. 集體或公共財（collective or public goods）：指的是財貨或服務的消費不具競爭性（rival），亦即一個以上的人能同時消費相同的財貨，使得人們有誘因搭免費的便車。例如燈塔及國防等。

3. 收入或財富分配（income or wealth distribution）：指的是因經濟發展所造成人們的財富分配不均的現象。

　　為了要解決上述市場失靈的問題，傳統規劃概念係透過集體選擇（collective choice）的方式讓個體經由法規及課稅的方式以考慮外部性；提供集體財及服務；或從事收入或財富的重分配。就都市發展而言，這些市場失靈現象如空氣汙染、交通網絡及規劃受益等具有空間特性。共識建立（consensus building）是規劃常用的集體選擇方法，並透過政府應用合法的武力來控制並執行由共識建立所達成的決策，以解決市場失靈的問題。

　　殊不知，除了市場失靈的問題外，都市發展還有因為 4 個 I 所造成的動態失靈。由於都市發展開發決策的相關性、不可分割性、不可逆性以及不完全預見性，使得都市發展無法達到均衡，此時過程或歷史顯得極為重要，因為都市發展是路徑相依的（path dependent），不同的路徑不僅導致不同的結果，其所引發的成本也有所不同。此時規劃的時間因素顯得特別重要，而不僅僅如傳統規劃只是強調空間的因素。

　　與市場失靈相關的議題是都市的公共設施計畫往往是由政府來制定，而不是由私部門來擬訂。這個問題可由集體財或公共財（collective or public goods）針對公共設施以及都市計畫兩方面加以說明。Lewis

Hopkins（2014）認為集體或公共財提供的不足是市場失靈的主要原因之一。因此，公共設施如綠地、公園及道路等屬於集體或公共財，自然必須由政府提供。此外，根據 Lewis Hopkins（2001）的論點，都市的計畫一旦公開，其資訊的分享便具有集體或公共財的特性，因為其消費不具競爭性（non-rival）且排他性也不可行（infeasible exclusion），因此基於前述的邏輯，公共設施計畫必須由政府來擬定。

規劃與法規是兩個不同的概念，常常被混為一談。規劃與法規都會影響開發者的行為，而前者是透過資訊（information），後者是透過權利的界定（delineation of rights）。舉例而言，臺北市捷運系統的計畫一旦公布，開發商便會根據計畫的內容從事購地與開發，或者是三峽臺北大學特定區計畫的公布，建商也會根據該計畫內容的資訊在三峽地區從事搶建。這是規劃透過資訊影響開發者的行為，因此不是法規。另外，土地使用分區管制規則界定了土地開發的種類與強度，也就是限定了開發商的權利，因而改變了開發商的行為，這是法規透過權利的界定而改變了開發者的行為，因此不是規劃，兩者的關係相互關聯，例如我們可以為都市計畫的擬定制定法規，如我國的都市計畫法即為一例；也可以針對法規從事規劃，因為法規如同實質投資，具備有相關性、不可逆性、不可分割性以及不完全預見性，為法規而規劃會帶來利益，例如臺北市細部計畫（是法規的一種，不是計畫）與土地使用分區管制規則。

都市土地的控管主要包括土地使用分區管制與開發許可兩種管制系統。傳統的土地使用分區管制是為控制都市的成長，並且落實都市計畫所採取的一項土地管理方法，主要是依據都市計畫目標及內容，將都市計畫範圍內之土地，依不同用途予以分區，對各種用途分區內之土地使用及建築物使用予以使用性質與使用強度之規定；其主要特色在於藉著強制性的手段以確實隔離不相容的土地使用，以達到計畫中所規定的土地使用分區計畫。開發許可制度為土地開發管制的工具之一，傳統土地使用分區管制對新興業種之使用性質及開發強度容易引發爭議，藉由開發許可制度，以

協商回饋之方式，一方面可使開發所造成之社會成本內部化，另一方面可兼顧開發與保育。

　　賴世剛（2002）以財產權及資訊經濟分析入手，分別就資訊收集成本、財產權劃分成本以及交易成本所構成的社會成本，針對此兩種土地管制方式進行比較，得到以下結論：

1. 開發許可制資訊收集社會總成本較分區管制高，因為開發商在開發許可制下必須面對較大的不確定性，造成較高的資訊收集成本。

2. 開發許可制財產權劃分社會總成本較分區管制高，因為分區管制為政府應用其行政權將土地使用財產權做一分派與劃分，明確指出開發基地的特性，開發許可制則不然，因周邊環境的不確定性，增加了財產權劃分的成本。

3. 開發管制交易成本社會總成本較分區管制高，因為分區管制既屬法規的一種又有計畫做為依據，兩者皆為協調決策的方式，自然能降低交易成本。開發許可制則不然，因土地或建築物的交易成本龐大，使得社會成本增加。

　　最後，都市蔓延在全世界的範圍已成為重要的都市規劃議題，而都市成長界限（Urban Growth Boundaries 或 UGBs）被認為是遏止都市蔓延的有效的政策工具。Gerrit Knaap 及 Lewis Hopkins（2001）認為都市成長界限源自成長管理及聰明成長的概念，以土地使用法規來管理都市的成長。這類手法是兩面刃：如果分派過多土地會促成都市蔓延；如果分派太少又會造成土地及房價的上揚。因此穩固的土地使用管理政策應該同時顧及這兩個方面。成長管理界限便是土地使用管理的手段之一，主要是透過成長界限的劃定來控制都市適當的發展，以避免都市的蔓延及土地及房價的上漲。傳統土地使用規劃的方法是預測未來 10～20 年的土地需求並分派足夠的土地量供開發用。根據這個傳統，都市成長界限的劃定係將未來 10～20 年的都市發展限制在該範圍內。UGBs 的基本概念可視為存貨控制的過程：根據目前有多少土地可供開發以決定何時擴充多少 UGBs 以滿

足未來土地的需求。一般的做法是固定時間（如每 5 年）檢討並根據 20 年的預測來擴充都市成長界限，稱之為時間驅動系統。另一種方式是當 UGBs 內可用土地低於某一門檻值時便擴充都市成長界限，稱之為事件驅動系統。後者比前者有效率，也就是說事件驅動系統的成本較低。我國雖然沒有實施都市成長界限的政策，但也有類似的機制。例如，在都市用地的分區，如住宅區、商業區以及工業區，其範圍可視為 UBGs 的做法，而都市計畫定期的通盤檢討亦可視為時間驅動系統。

三、面對複雜的規劃

（一）規劃的困境

　　規劃無所不在，小自一天行程的安排，大到社會、都市的設計，都是規劃。就後者而言，如前所述，Horst Rittel 及 Melvin Webber（1973）認為，規劃問題變成令人討厭而極難以處理的問題，而這類問題有 10 個特性，與科學及工程問題不同。規劃問題沒有公式，無定解，無對錯，無法測試，無法重複，無法列舉答案，具獨特性，具關聯性，具多因多果以及無犯錯機會等。自從上個世紀 70 年代 Rittel 及 Webber 提出規劃是棘手問題的概念以來，進入 21 世紀的今天，面對複雜都市環境的規劃問題，學者仍然是束手無策。此外，規劃問題是棘手問題，同時也是未充分定義問題（ill-defined problems）（Hopkins, 1984），這類問題跟科學及工程問題不同，它們沒有明確的範疇、沒有清楚的偏好、也沒有標準答案，因此解未充分定義的問題與解科學及工程問題的演算法不同。一般有定量及定性兩種取徑；定量包括多屬性決策方法（multi-attribute decision making techniques），定性則包括如集體決策過程（Innes and Booher, 2010）。不論是定量或定性，皆有其限制及優缺點，較合理的方式應是整合定量及定性方法的優點，設計出較完善的解決未充分定義問題的演算法。

　　除了都市本身的複雜性造成規劃的困境外，規劃的複雜性也使得處理都市發展問題極具挑戰性。傳統的規劃認為都市只有一個針對全市發展而制定的計畫；實際上，都市有數以千萬計的計畫同時在進行。開發商、地主、地方政府、中央政府以及其他許多利益團體及個人都在為自身的利益制定不同的計畫（Hopkins, 2001）。而這些計畫相互影應，形成了一個極其複雜的計畫網絡（web of plans），使得都市發展的因果關係難以釐清，誰能說清楚臺北市的高房價是因為捷運系統的開發，或是信義計畫區的設置所導致的？因此，複雜的計畫網絡也使得都市的發展充滿了不確定性。此外，受到經典科學的影響，上個世紀 60 年代都市規劃者視都市發展為趨向均衡的最佳狀態，因此空間或結果顯得十分重要。尤其是在 70 年代，Douglas Lee（1973）對大型都市模型的批評，同時由於學者逐漸對複雜系統有更深入的認識，這個觀點已開始受到挑戰；取而代之的是，都市發展一直是處於遠離均衡的開放系統，因此過去一直被忽視的時間或過程顯得格外重要，這也是造成都市發展不確定的原因之一。

　　建築、景觀及都市的規劃專業都分別面對街區、生態及城鎮的複雜系統，而這三個複雜系統共同組合而成人居環境的複雜巨系統（劉濱誼，2015）。面對如此的挑戰，傳統的規劃做法是將這些複雜系統簡化並分解到可處理的認知能力範圍內，再各個擊破，以達到徹底解決問題的規劃效果。然而複雜系統是有機的組合，難以用這種分離並征服（divide and conquer）的機械手法面對。取而代之的是要了解複雜系統形成的原因，並直接面對它，而不是逃避。本節主旨便在於說明都市複雜性形成的原因以及我們應如何面對它以從事有效的規劃。第 2 節論述作為複雜科學及規劃邏輯橋樑的四個 I；第 3 節介紹面對複雜從事規劃的邏輯內涵；第 4 節為小結。

（二）四個I

到目前為止，學界對複雜的定義以及如何衡量並沒有共識。然而筆者認為比較合理的定義是：複雜是對系統描述的長度，描述長度越長，表示系統越複雜（Gell-Mann, 2002）。至於複雜的成因，目前也沒有一定的共識，而學者也才剛開始嘗試建構複雜系統的一般性理論（Simon, 1996; Holland, 2012）。複雜系統大致也可分為同質構成分子的複雜系統，比如金屬材料，以及異質構成分子的複雜系統，比如都市。Nicolis 及 Prigogine（1989）曾以熱力學第二定律論證不可逆性（irreversibility）為化學系統複雜性的成因。在經濟體中，不可逆性是由交易成本所造成的，而交易成本同時扭曲了價格系統，導致系統無法達到均衡的狀態。在都市中，導致動態調整（dynamic adjustment）失靈而無法達到均衡狀態的因素除了都市發展決策的不可逆性外，還包括了相關性（interdependence）、不可分割性（indivisibility）以及不完全預見性（imperfect foresight）（Hopkins, 2001）。（參見第一部分 1.10 節）

（三）面對複雜都市環境的規劃邏輯

針對面對複雜都市環境的規劃，Lewis Hopkins（2001）教授提出了都市發展制定計畫的邏輯。這個規劃邏輯是基於四個 I 而展開，而這四個 I 也是構成都市複雜的原因，因此規劃邏輯其實就是針對都市複雜環境而制定的行動指南。筆者在另一篇文章已申述了都市的複雜特性（賴世剛，2018b），本節擬針對規劃邏輯加以深入介紹。

都市發展規劃邏輯一書是 Hopkins 教授從事規劃教育、研究與實踐數十載的經驗結晶，內容亦十分廣泛，幾乎涵蓋與規劃有關之所有議題。在該書中，Hopkins 教授旁徵博引當代自然及社會科學的主流研究，包括生態學、個體經濟學、認知心理學及決策分析等，企圖解釋規劃在一般情況下發生的原因、對自然及社會環境的影響以及如何制定有效的計畫，對規

劃理論與實踐均提出深入的見解。因此該書對從事都市規劃有關的學者及專業人士應有許多啓發之處（詳見第一部分 1.6 節「伊利諾規劃學派」的說明）。

（四）小結

　　中國大陸在過去 40 年來在改革開放政策指導下的快速城鎮化是時間壓縮下的都市發展過程（賴世剛，2018a）。中國大陸的規劃界目前最欠缺的是適合解決快速城鎮化所帶來都市問題的基礎規劃理論。本節論述如何以四個 I 爲核心來串聯複雜科學與規劃邏輯兩大知識體系的關係，並深入介紹規劃邏輯的內涵，最後提出整合這兩大知識體系的複雜學派構思（詳見第一部分 1.5 節的說明），作爲朝此規劃研究方向邁進的一個嘗試。尤有甚者，複雜科學的系統觀與中國易經文化的宇宙觀皆爲整體論，而規劃邏輯因勢利導的規劃理念與道家無爲而治的天人合一理念相似。因此，筆者相信複雜學派嘗試整合複雜科學與規劃邏輯以提出面對都市複雜而規劃的理念，正可塡補目前適合臺灣及中國大陸國情的規劃理論空窗期。

四、規劃的理性——與自然同行

　　如前有關規劃理性的說明（詳見第一部分 1.7 節），縱使有關經濟行爲的解釋有許多種，本書所依據的觀點是認爲人類的經濟行爲是理性的，而所謂的理性指的便是最適化，亦即預期效用的最大化。我們所觀察到人類行爲上的差異在於從事選擇時思考架構或認知框架上的不同，而這些思考架構隨時間的改變而改變，引發了偏好的變化。因此，本書傾向認爲行動者是完全理性的，我們所觀察到不理性的行爲，完全來自觀察者的參考架構與行動者不同所致。就土地開發而言，其過程不外乎開發者就開發問

圖27　與自然同行

題所形成的認知框架中，制定一序列的決策，收集資訊，從事財產權的操弄，以從中獲益。而這些決策，在土地開發複雜的過程中，有其局限性。

（一）不確定的世界

　　在進行討論規劃的必要性之前，我們先探討如何進行個別選擇或獨立決策。個別選擇的第一個要素是不確定性。人們在面對複雜的環境下決定時，往往遭遇心理的壓力。例如公司的主管在僱用新人或簽訂新的合約時，考慮到所僱用的人是否稱職或所簽訂的合約是否帶給公司利潤。一般而言，這些壓力來自於對環境認知上的不確定性。環境指的是組織的內部與外部，不同部門的人們所採取的行動以及行動間交織所造成的結果。由於這個過程極其複雜，使得人們在其所處的環境下或系統中採取行動時，充滿著不確定性。針對決策制訂所面對的不確定性，其處理方法文獻上有許多的探討。主要重點在於以貝氏定理（Bayes Theorem）作為主觀機率判斷及修正的依據，並且從認知心學的觀點就人們進行機率判斷所常犯的錯誤，提出矯正的方法。這些方法視不確定性為既存的事實，並未追究不確定性發生的原因。而降低不確定性的主要方式為收集資訊，學者並指出以資訊經濟學的角度規範資訊收集的策略。

　　傳統對於決策所面對的不確定性之處理係建立在一理想的問題架構上，即類似薩維吉氏（Savage）所提出來的小世界（Savage, 1972）。在這個小世界中，其未來可能的狀態（state）已給定，並以主觀機率表示各種狀態發生的可能性。而決策者可採取的行動為已知，不同的行動在不同狀態下的小世界產生不同的結果。藉由效用及主觀機率所建構出來的效用理論定理，決策者便可從容而理性地選擇最佳行動，使得決策者的效用得到最大的滿足。這套理論架構十分嚴謹而完整，也因此目前決策分析所發展出來的方法大多不出這個理論架構的內容。姑且不論該理論的基本假設是否合理，Savage 所提出的小世界之問題架構，至少有兩個疑問值得我們深思：

1. 若作為敘述性的理論，小世界問題架構是否能代表決策者對決策問題的認知過程；

2. 不確定性以主觀機率來表示是否過於抽象而缺少實質意義（substantive meaning）。

　　認知心理學者對第一個問題已有許多的探討，並且許多心理實驗指出人們實際從事決策制定時，通常違反效用最大化的準則。學者並發現決策制定過程中常出現不可避免的陷阱（traps），例如描定（anchoring），現狀（status-quo），下沉成本（sunk-cost），及佐證（conforming-evidence）等等陷阱，並提出糾正這些判斷偏差的方法（Hammond 等，1998）。至於第二個問題，似乎仍囿於主觀機率（或貝氏）理論的架構上，對於不確定性的探討上，則較缺乏。

　　從規劃的角度來看，不確定性的種類至少包括四種（Hopkins, 1981）：

1. 有關環境的不定性，

2. 有關價值的不確定性，

3. 有關相關決策的不確定性，及

4. 有關方案尋找的不確定性。

　　若從更深入的層次來看，不確定性源自於資訊經濟學上所謂的資訊扭曲（garbling）（Marschak and Radner, 1972）。更具體而言，不確定性的產生是決策者對所處系統認知不足所造成的。且規劃與決策制定必然發生在一個動態演化的系統中。然而一方面由於系統具變化多端的複雜性，另一方面由於人們認知能力的限制，使得不確定性在制定計畫或決策時是不可避免的。但是如果我們能夠了解認知能力的限制以及複雜系統的特性，也許便能更有效處理規劃及決策制定所面臨的不確定性。舉例來說，都市是一個極其複雜的系統，而由於人們資訊處理能力的有限性，使得對都市意象在認知上為階層性的樹狀結構（tree），而實際上該系統為半格子狀結構（semi-lattice）（Alexander, 1965）。另一個例子是組織。一般人亦認為組織結構是階層性的，而實際上組織系統極為複雜且其演化亦難以預測。基於認知能力的限制對於複雜系統產生扭曲的意象，使得所發展出的規劃方法（如理性規劃與決策）在解決實際問題時，則顯得失去效果。

　　預測也是處理不確定性的方式之一。預測具有一些特性，影響了它們做為資訊的價值（Hopkins, 2001）：所預測事件發生前的預先時間（lead time）、預測水準（forecast horizon）、空間解析度（spatial resolution）以及時間解析度（temporal resolution），茲分別說明如後：

1. 所預測事件發生前的預先時間：預先時間指的是從事預測與事件發生之間的時間差。例如，基礎設施提供者的預先時間必須早在基礎設施被設計、核准及興建以及需求發生之前，便能預測該需求。預測的利益，部分在於其預先時間是否適合當下的決策情況。

2. 預測水準：預測水準是所預測的資訊其所提供時間的長度。通常預測水準越長，預測的準確性越低。

3. 空間解析度：預測範圍在空間上的大小。例如，預測臺北市的人口其解析度較預測單一行政區的人口為小。

4. 時間解析度：預測範圍在時間上的大小。例如，預測一年臺北市人口的成長其解析度較預測單月人口成長為小。

　　就都市規劃而言，空間及時間上個別的預測十分重要。透過十分具體的人口預測結果，規劃師想知道學校容量及汙水系統的容量在何時及何處有需求，以便提供學校及截流設施的地點與規模。一般而言，預測越個別或解析度越大越難預測。預測一省的人口較預測該省某都市的人口容易；預測都會區成長較預測特定地區容易。

　　有關複雜系統的研究，近 30 年來頗受學界的重視。從混沌（chaos）、碎形（fractal）、非線性動態系統（nonlinear dynamic systems）、人工生命（artificial life）、到複雜理論（complexity theory），這些研究致力於了解系統中各元素個體互動所產生的總體現象。雖然複雜理論的架構到目前為止未臻完備，但在許多領域中已開始以複雜的概念解決實際的問題（Ball, 2012）。例如，企業管理的顧問已開始從複雜系統的自我組織及湧現秩序（emergent order）等概念探討具競爭力企業團體，其組織結構的特性（Brown and Eisenhardt, 1998）。而都市規劃界亦嘗試藉由複雜系統的概念解釋都市空間演化的過程（Batty, 1995; 2005; 2013）。複雜系統最基本的特性為其所衍生出的複雜現象乃基於極為簡單的互動規則。換言之，人類社會的複雜性乃基於人們行動（或決策）之間的互動，產生系統演化的不可預測性（包括混沌理論中所提出的起始狀態效應）。此亦正為人們從事決策制定所面臨不確定性之主要來源之一。如果我們能了解複雜系統演化的特性，例如何種因素造成其演化的不可預測性，這個知識將可促進對於不確定性發生原因的了解，進而改善我們對不確定性的認知過程。

　　由於不確定性產生的原因包括外部環境的複雜性以及決策者對該環境認知能力的有限性，本書重點著重在前者，而暫不深究不確定性深層心裡認知過程。但亦不排除從現有文獻中有關資訊處理能力有限性的成果（例如永久記憶及暫時記憶的容量其間及其間資訊轉換所耗費的時間），以發覺不確定性發生的認知原因。研究方向可就都市系統及組織系統中從事規劃與決策制定時，不確定性產生的原因而進行探討。兩者皆為複雜系統，

所不同之處在於決策特性。都市系統中開發決策往往是整體性、耗時、且一旦執行後很難修正，而組織系統中的決策則是片面性、快速、且較易修改。決策性質的不同自然造成系統特性的不同，但以複雜系統理論的角度來看，系統演化的不可預測性直接來自於系統中決策相互影響的錯綜關係，故此二系統應可再依共同的理論架構下加以理解。此外，研究方向更應就計算機資訊處理能力的優越性，探討其在處理複雜系統中不確定性系統問題時應扮演的角色。

（二）變動的偏好

個別選擇的第二個要素是價值或偏好。偏好是根據我們的價值對事物作喜好的排序。譬如，我們在購車時，考慮不同的廠牌及車型，根據不同的因素從事可能選項的排序，進而選取排序最高的車款。這個問題看似簡單，但是如果我們深入思考，會發覺其中的困難。首先，我們也許不知道我們要的是什麼，也就是說我們不清楚購車所依據的價值為何。其次，我們的偏好會隨著時空環境的改變而改變。

先討論如何衡量價值。就決策分析的角度而言，一個人的價值可由偏好結構來展現。所謂的偏好結構，最簡單的型式，是一組價值函數及權重所形成的加法多屬性決策規則。理論上，這是一合理的假設，認為決策者在從事選擇時係根據這樣的偏好結構來進行。但是在實際操作上有其困難，因為偏好會隨著時間而改變，此外人們的偏好很難去衡量。譬如，流行歌曲的排行榜為何每週都不同？股票市場的波動為何難以預測？在在顯示人們的偏好一直在變動，更何況它又是如此難以衡量。但是至少我們可以說，在作決定的當下，我們可以嘗試了解我們的偏好結構，並據以制定合理的決策。

至於偏好是如何形成的以及偏好的變動是否有一定的規律？其因素相當複雜，學界目前尚無統一的解釋，也不是本書的重點。但是簡單地說，

偏好是由決策者依特定的認知框架（frames）所型塑出來的。當認知框架有所改變時，我們的偏好也隨之改變。計畫可以說是一組認知框架，因此不論是計畫中或計畫間，偏好往往具衝突性而不一致。主觀預期效用理論是建立在偏好恆常不變的假設基礎上，即使是展望理論也假設價值函數是恆常不變的。事實上，人們的偏好會隨著認知框架的改變而改變。不僅如此，人們的選擇可以說是在一定的認知框架下，追求預期效用的最大化。

（三）不確定性與偏好的整合

　　前述不確定性與偏好必須加以整合已做出決策的判斷。在決策分析中，這樣的整合是透過多屬性決策理論建構而進行。多屬性決策理論源自於作業研究（Operations Research）。其主要的目的在於評估方案時，同時考慮數個屬性（attributes）、準則（criteria）或目標（objectives）。因此，多屬性決策理論又名為多準則決策理論或多目標規劃方法。這一類方法通稱為多屬性決策方法（Multi-attribute Decision Making Techniques）。多屬性決策方法為一結構化的決策方法，首先將決策問題分化為不同的屬性，再將決策者對各方案的偏好依各屬性擷取出來。最後，根據一特定的決策規則將方案的最終評估分數計算出來再予以優劣排序。常用的多屬性決策方法包括多屬性效用理論（Multi-attribute Utility Theory 或 MAUT）以及分析階層程式法（Analytic Hierarchy Process 或 AHP）。多屬性決策方法於都市規劃的應用大都在於方案的評估。例如重大公共設施如核能電廠的區位選擇，都市更新地區優先順序的排列以及交通設施區位的選擇等。在藍圖式規劃過程中，即傳統的「調查─分析─設計」式的規劃理念，或共識達成的集體選擇過程的合作式規劃過程，多屬性決策方法非常適用。但是在真實世界脫序的規劃行為過程中，其扮演的角色便不明確。可以說多屬性決策方法對計畫具有工具性價值，因為它們可以視為達成計畫過程的一種工具。其次，若視多屬性決策方法為社會選擇的機制，便可

以做爲權利分配的機制，而這個機制可藉由立法的程序來規定。

（四）面對都市複雜的規劃理性

雖然到目前爲止，對於人類的行爲是否合乎理性的標準尙無一定論，本節將揭示一個「框架理性」（Framed Rationality）的典範（Lai, 2017），認爲決策者在一定的認知框架下，他的行爲是尋求最適化的決定。

都市做爲複雜系統，在不受干預的情況下，有其內生的自我組織的秩序。大致來說，這個秩序是自然發生的碎形幾何結構，例如冪次法則。規劃做爲控制機制也會爲都市複雜系統帶來秩序，但這個秩序是外生、人爲的歐氏幾何結構。換句話說，規劃使得人、事、物、地在時間上看似隨機流轉的過程變得更有序，更具決策效率，但是卻解決不了都市問題。都市問題必須靠內生的自我組織的機制來解決。管理都市複雜就某個程度而言就是在都市內生的自我組織的秩序與外生的規劃的秩序之間做取捨，以達到一個平衡。

都市複雜形成的原因主要是因爲都市發展決策的相關性、不可分割性以及不可逆性所造成的。如果都市發展決策不具備這些特性，即都市發展決策是獨立的、可逆的及可分割的話，都市發展過程將會變得極爲簡單而其型態也會趨向均衡，此時就沒有規劃的必要。但事實上，正因爲都市發展具備這些特性，使得規劃能發生作用，規劃便顯得有它的必要性。

如何評價計畫是否發生作用？針對這個問題，Lewis Hopkins（2001）提出 4 個廣泛的準則（criteria）以根據所觀察到的規劃現象來評量計畫是否產生功能：

1. 效果（effect）：計畫是否對決策、行動或結果產生影響？例如，如果它被制定做爲議程，有多少表列的行動被實行了？
2. 淨利益（net effect）：計畫是否值得且爲誰而做？例如，如果它是被制

定做爲策略，基礎設施提供在時間上產生效率的獲益是否足以彌補計畫制定的成本？

3. 內在效度（internal validity）（或品質）（quality）：計畫是否滿足它原先制定的邏輯？例如，如果它被制定作爲策略，其是否以適當的方法考慮了相關性、不可分割性、不可逆性及不完全預見性？

4. 外在效度（external validity）（或品質）：是否計畫所欲或隱喻的結果滿足外在準則，如公正社會（just society）的主張？例如，如果它是被制定作爲願景，該願景是否包括公平性（equity）？倫理接受度是外在效度重要的構成因素。

　　都市發展過程是人、事、物、地的獨立川流以類似隨機的方式碰撞而產生特定的結果。規劃者如同在這樣都市發展的川流中划獨木舟，以規劃或划舟技巧將獨木舟划向目標（Hopkins, 2001）。規劃者沒有能力控制都市發展或河川；他只能順應河川往低處流動或都市發展自我組織的自然趨勢，搭配他所能採取的行動來移動獨木舟。這看起來是被動的作爲，卻與隨波逐流不同，因爲獨木舟的移動是有意圖的，而不是任意的。

　　面對都市複雜，我們應以計畫制定爲基礎做爲決策制定的依據。不同於決策分析一次僅考慮一個決策，以計畫爲基礎的決策制定同時考慮一個以上的決策；不同於主觀預期效用理論視偏好爲恆常不變的，以計畫爲基礎的決策制定考慮偏好變動的可能性；不同於決策樹僅考慮單一決策者，以計畫爲基礎的決策制定可同時考慮多個決策者。在這樣的思維下，以計畫爲基礎的決策制定便成爲一有力的行動模式以及規劃理性。

（五）小結

　　本節首先介紹規劃理性的內涵，並提出框架理性（framed rationality），以別於目前文獻上所探討的理性，包括完全理性（perfect rationality）及有限理性（bounded rationality），進而就框架理性的基礎辯證制定計畫或

相關決策的必要性，也就是如何制定相連的決策，會帶給我們利益。最後點出如何順應自然的運作，以從事計畫的制定，並據以採取行動。本節主要的論點在於說明，當我們面對複雜的世界時，在某些情況下，經濟學的選擇理論並不足以應付層出不窮的問題，取而代之的是制定計畫以採取合理的行動。

本節中所論及面對都市複雜的規劃理性，特別強調以計畫為基礎的決策制定的重要性。也就是說，在採取行動前，先考慮一組相關的決策，或計畫，並據以制定當下的決策。這看似簡單的概念，卻常常被都市規劃專業者忽略，因為人們在制定決策時往往陷入狹隘的思維當中，而將問題單獨且獨立看待。

計畫的有效性在於我們所面對的世界是複雜的，而如果我們所面對的世界是簡單的話，計畫就不會發生作用。更具體而言，計畫的必要性乃肇因於複雜世界中決策間的相關性所形成的複雜網絡。本節所述及且一再重複的主題是，規劃是在自然系統中所從事的一組有意圖的行動，而規劃必須遵循自然過程的基本特性，進而利用行動以及自然過程所產生的共同後果，來達到我們意圖中所隱含的目的。這個概念看似簡單，卻也是千百年來人們追求的理想境界。早自中國古人講的「天人合一」，近至霍普金斯教授所闡述的都市發展制定計畫的邏輯，以及 Herbert Simon 所提的設計邏輯（logic of design），都是在追求這樣的理想境界。此處所謂的「自然」或「自然過程」乃是廣義的定義，即通指規劃者所不能控制的事物或過程。無疑地，都市發展，如同生物演化，是一具有規律性的自然現象，因為它超出任何人的控制能力範圍。本節的目的是在提出一些如何在自然系統中從事規劃的原則及方法。

五、都市規劃科學理論架構

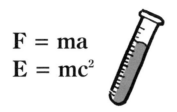

圖28　都市規劃科學理論架構

（一）前言

　　都市是複雜系統。這個事實往往被過去都市規劃學者忽略或簡化，以至於所構建出的規劃理論一方面脫離都市的背景，獨立於都市理論之外（Mandelbraum, 1979），另一方面將都市視爲簡單的線性系統，導致所構建的規劃理論無法解決複雜的都市問題，造成了規劃的災難（Hall, 1980）。有關於規劃的解釋，文獻中有許多從不同的視角來探討，包括經濟學（Intriligator and Sheshinski, 1986）、博弈理論（Knaap et al., 1998）、社會學（Friedmann, 1978）、數學規劃（Hopkins, 1974）以及生態學（Steiner, 1991）。這些研究大多數從哲學的層次聚焦在規劃本身（Faludi, 1973）；從抽象層次探討規劃在社會結構背景下的隱喻（Friedmann, 1978）；在方法論層次上探討如何解決規劃問題（Friend and Hickling, 2005）；以及從實證層次上探討某個領域中規劃如何操作（Chapin and Kaiser, 1979）。它們傾向將規劃從實證世界中抽離出來，並將規劃視爲理想的及人工的，但不盡然是爲達到某些事前目標的理性過程。規劃其實是人們解決問題的自然方式；如同決策，規劃是人類共有的行爲，而不是構思出來的。因此，規劃行爲的研究顯得格外重要。

　　從複雜都市系統的角度來看，複雜系統呈現遠離均衡的非線性狀

態。當系統無法達到均衡的狀態時，過程便顯得重要，也就是說時間是重要因素，而規劃能改變系統運行的軌跡，自然也顯得重要。過去的規劃過度重視空間，而忽略時間（Hopkins, 2014），這是因爲受經典科學的影響，視都市系統爲靜態、線性並趨向均衡狀態（equilibrium state）。都市發展的動態調整決策受制於相關性、不可分割性、不可逆性以及不完全預見性（Hopkins, 2001），而形成了複雜系統，並使得規劃能發生作用（Lai, 2018；賴世剛，2018b）。在對複雜都市系統有了這個新的認識之下，我們迫切需要的是一個規劃理論架構，能夠同時兼顧都市理論與規劃理論，並將這兩套理論結合爲一，作爲都市規劃實踐的指引。本節的目的，便在嘗試構建這樣的一個理論架構，作爲後續研究的基礎。本節論證都市是複雜系統並說明複雜都市系統的特性；第 3 節闡述制定計畫的邏輯與規劃行爲；第 4 節提出複雜都市系統規劃理論的架構；第 5 及 6 節爲討論與結論。

（二）複雜都市系統

　　都市是複雜系統，然而目前學界對複雜性的定義及衡量方式並沒有達成共識。比較有說服力的講法是系統的複雜度是描述該系統的敘述的長度（Gell-mann, 2002），長度越長，系統越複雜。如果以這個概念來描述都市，無疑地，都市系統是複雜的，試想我們如何來完整地描述臺北市，其長度絕對不是一本書可以敘述清楚的。另一方面，我們也可以從網路科學來定義複雜性（Newman, 2010）。網路大致分爲三種：有序、混亂與複雜。假設有 100 個節點圍成一個圓圈，有序網路指的是每一節點與左右相鄰兩個或數個節點相連；而混亂網路指的是節點之間以隨機的方式相連；其餘的網路稱爲複雜網路。如果我們將都市中的人們視爲節點，顯而易見地，都市網路不會是有序或混亂網路，人們之間的聯繫既非有序也非隨機，它必定是複雜網路。此外，從複雜系統的組成分子來看，有同質性

組成分子的複雜系統，比如水分子組成水；也有異質性組成分子的複雜系統，比如生態系統。都市系統無疑地屬於後者，因為都市系統包含了建成環境、生態環境與社會環境，分別由物質構造、生物及人類所組成。從較專業的角度來看，基本細胞自動機（elementary cellular automata）的演變規則有 256 個，而不同規則演變出來的結果可分為四類：死寂、規律、複雜及混亂（Wolfram, 2002）。都市系統不可能是一片死寂，也不可能是完全具有規律性，更不可能是一片混亂。它是處於混亂與有序之間，亂中有序的複雜狀態。因此，從以上的說明可以論證都市系統是複雜的。

　　都市作為複雜系統有什麼特質？在回答這個問題之前，我們先要了解都市複雜系統的動態過程。都市物質環境是有許多開發專案在時間及空間上積累而成，比如社區的規劃興建、道路的建設以及各種形式的土地開發。當新的開發專案興建完成，附近地區的土地利用亦因這新的開發專案而隨之改變。新北市臺北大學三峽校區的興建，導致附近地區住房的搶建；上海市新天地購物商圈的形成，造成附近地區土地利用的轉變，都是明顯的例子。而開發專案附近地區環境的改變，又造成其他地區土地利用的轉變，一直反覆調整擴散出去。這種因某區位的開發專案興建，造成其他地區環境改變的過程稱之為動態調整（dynamic adjustment）（Hopkins, 2001）。在沒有交易成本（transaction cost）的情況下，這些調整能快速地達到最優化，以至於都市複雜系統最終會呈現均衡的狀態。但是實際上，開發商需要搜集資訊以獲取開發的利益，這些資訊搜集的成本構成了交易成本。此外，開發決策具有相關性（interdependence）、不可分割性（indivisibility）、不可逆性（irreversibility）以及不完全預見性（imperfect foresight），或 4 個 I，阻礙動態調整的最優化，使得複雜都市系統無法達到均衡的狀態（Hopkins, 2001）。例如，某地的商場開發專案，會使得附近地區作為零售土地利用為最優化，但是由於拆遷既有建築（不可逆性）以及其他重大設施如道路的興建（相關性），使得零售使用無法立即實現，導致土地次優化的使用。因此，4 個 I 的作用類似交易成本，但是

比交易成本的意涵更寬廣，使得動態調整失靈。此外，都市系統也因 4 個 I 的關係，使得它具有複雜網路的特性（Lai, 2018）。

　　都市複雜系統最重要的特性之一是自組織（self-organization）。自組織是系統中透過許多個體的互動，湧現（emerge）出集體的秩序、形態或規律。都市中最明顯的自組織現象便是聚集，許多類似的產業會聚集在某個區位，比如商圈、絲綢城及市場等等。這些產業的聚集，是自發性的，並沒有外力使然。都市規劃也會帶來秩序，但是自組織所形成的秩序是自然的、結構性的，且是碎形幾何狀的，規劃所帶來的秩序是人工的、效率性的，且是歐式幾何狀的。任何都市的演變都是在自組織與規劃的綜合力度中進行，而且規劃的力度會削弱自組織的力度。

（三）制定計畫的邏輯與規劃行為

　　就規劃的專業而言，不論是建築、都市規劃或風景園林，當面對複雜的規劃設計對象時，傳統的做法是將它簡化。這是受到人類認知能力的限制，而無法理解及面對複雜性（Alexander, 1965）。於是傳統的規劃思維便針對一個都市制定一個綜合性計畫。這種將線性及簡單系統的思維錯置來解決非線性及複雜的都市系統，自然帶來規劃的大災難（Hall, 1980）。取而代之的是認識且接受都市系統的複雜性，並直接面對它。

　　前面提到過，都市發展因 4 個 I 的關係，具有複雜系統遠離均衡的特性。也就是說，作為開放系統，都市會永無止境地演變。在這種情況下，演變的過程顯得重要，也就是說時間是重要的因素，而考慮時間的規劃作為改變系統演變的重要因素，便顯得格外重要。前面也提到，有關規劃的研究大多獨立於都市之外而進行，使得規劃研究過於抽象而與現實脫節。在其他地方，我們證明了在 4 個 I 決策特質存在時，規劃能發揮作用，而這 4 個 I 也是構成都市系統複雜性的成因（Lai, 2018），因此規劃的邏輯若能建立在 4 個 I 的基礎上，應能將規劃理論與都市理論聯繫起來。

Hopkins（2001）便提出了以 4 個 I 為基礎的都市發展制定計畫的邏輯，強調規劃在做決策時同時考慮多個決策，是解決前述因 4 個 I 造成的動態調整失靈的重要方式。在其他地方我們也已介紹了 Hopkins 的制定計畫的邏輯的精髓，在此不再贅述（參見第一部分 1.6 節的說明）。重點是，制定計畫的邏輯指出了一個重要的探索的方向，那就是規劃行為研究的重要性，此處略加申述。

如前述，遠離均衡的複雜都市系統中規劃能產生作用，而規劃是一種普遍的行為，規劃行為的研究自然是規劃理論的核心構件。計畫（plans）是由多個決策組成，規劃（planning）便是針對這多個決策在時間及空間上加以安排。不論是住房的平面圖或是都市的規劃圖，都是活動決策在空間上的安排。計畫可以是意念，也是意圖，它們可以透過議程（agenda）、政策（policy）、願景（vision）、設計（design）及戰略（strategy）等規劃機制來改變都市環境（Hopkins, 2001）。從最基本及最抽象的視角來看，規劃是在時間及空間上協調決策，並透過資訊的操弄來改變都市。規劃與做決策不同，前者考慮多個決策，而後者一般只達成一個決定。

基於這樣的認識，規劃行為的研究便在探討人們在何種情況如何及應該來協調多個決策，並可建立在行為決策分析（behavioral decision analysis, von Winterfeldt and Edwards, 1986）的基礎上來進行。比如，我們可以探討：人們在從事規劃時為何容易產生過度自信？人們在制定決策時為何通常會忽略其他相關的決策？鄰避設施選址的博弈如何進行？環境管理的政府機制如何設計？規劃者能考慮相關的決策嗎？等價或比率判斷何者比較可靠？這些與規劃行為有關的問題，可以在實驗室中找到答案。

（四）理論架構

綜合上述論證，我們可以構建都市規劃科學理論架構如圖 29 所示。這個理論架構由 4 個模組組成：複雜理論、複雜都市系統、制定計畫的

邏輯以及規劃行為，其中複雜理論以及制定計畫的邏輯是透過 4 個 I 來聯繫，而複雜都市系統與規劃行為共同形成計畫。這個理論架構主要將都市規劃研究區分為兩大部分：都市理論與規劃理論，其中複雜理論是複雜都市系統的理論基礎，而制定計畫的邏輯是規劃行為的理論基礎。4 個 I 在這個理論架構中扮演著核心聯繫的功能，它們既是複雜都市系統構成的核心因素，也是制定計畫的邏輯發生作用的核心成分。這 4 個模組的初步研究均逐漸成熟，剩下的工作便是逐步填補這個理論架構的知識間隙（賴世剛，2022; Lai, 2021）。

（五）討論

　　傳統都市建模，包括 GIS 及大數據，以「鳥瞰」的角度分析都市，故然可以從宏觀的角度理解都市空間布局，但是忽略了微觀的人的行為以及其與都市環境的互動。換句話說，我們需要「人瞰」的角度來理解都市，以人的尺度從都市系統的內部來理解人們從事活動的動態軌跡。本節提出的理論架構便希望能彌補這方面文獻的不足。比如，在複雜都市系統建模的模組中，筆者便從事空間垃圾桶模型的構建，從都市系統內部的視角，透過電腦模擬，描繪活動動態的過程（Lai, 2006），並獲得初步的驗證（賴世剛等，2018）。

　　在資訊科技發達及快速城鎮化的時代，或許有人會質疑本節所提出的都市規劃科學理論架構是否仍然有效。我們認為類似 ICT（information and communication technology）的科技發展以及全世界目前所面臨的快速城鎮化過程，實際上只是壓縮了都市發展的時間及空間向度，並不會影響都市的基本運行機制，因此這個規劃理論架構在資訊科技發達及快速城鎮化的時代，相信應仍可適用。

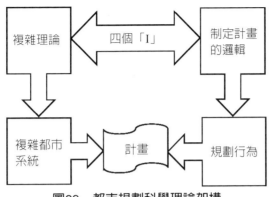
圖29　都市規劃科學理論架構

　　複雜都市系統理論的特色之一是同時兼顧個體與群體的相互影響關係。以都市產業的聚集現象為例，當產業聚集時，它影響了附近地區的土地利用決策的制定，並產生了外溢效果，擴散出去，造成整個都市的土地利用空間分布的重組，進而又回頭影響了個別開發商的決策行為，周而復始。因此，本節所提出來的都市規劃科學理論架構，嘗試以整體的觀點看待都市，而不是將都市切割為零碎的子系統，從片面的觀點來理解都市並解決問題。從更寬廣的角度來看，一反經典科學的還原論，將系統切割成基本構成單元，或整體論，忽略了這些構成系統的基本單元，本節所提出來的都市規劃科學理論架構兼顧還原論及整體論，從個體及整體的對偶性（duality），來理解複雜都市系統與規劃行為。

（六）小結

　　目前規劃學術界正處於百家爭鳴的春秋戰國時代，各種特定目的的規劃理論層出不窮，讓人眼花撩亂。我們需要的是具有前瞻性、基礎性並適合我國國情的規劃理論。已故知名的物理學家霍金曾經說過，21 世紀是複雜科學的世紀。本節立基於此科學前沿，大膽的提出客觀及理性的都市規劃科學理論架構，以就教於學界先進，並以作為後續發展的開端。最後

要說明的是，規劃不是萬靈單，而要改善都市環境除了規劃外，還必須同時從行政（administration）、法制（regulations）以及治理（governance）入手，方能竟其功（賴世剛，2018a）。

本書的目的是在提出一些如何在自然系統中從事規劃的原則及方法，雖然本書以都市做為主要的探討對象，但是所描述的原則及方法可適用在其他複雜系統中的行動，例如行政組織或經濟市場。此外，本書所敘述的系統現象為複雜系統，而不是簡單或隨機的系統。複雜系統係由許多組成分子互動所形成的集體過程；無疑地，都市便是一複雜系統。自然界以及人文界還包括許多其他複雜系統的例子，例如人腦、蟻巢、網際網路、股市、政治體及經濟體等等。雖然這些複雜系統組成分子不同，但是它們卻有共通的湧現特性。

人類任何行動在先天及後天上均受到限制。這些限制包括了時間、空間、外在資源及認知能力的限制。新古典經濟學假設經濟人是完全理性，而在下決策時不受這些條件的限制，因此所作出的決策是最佳的。賽門（Herbert Simon）首先提出了有限理性（bounded rationality）的概念，認為實際上決策者因受限於認知能力，只能制定令人滿意（satisficing），但絕對不是最佳（optimizing）的決策。這個對決策行為解釋概念上的差異，牽涉到決策制定的理性問題。本書更進一步說明人們的選擇是受限於框架理性，而框架理性的架構比有限理性適用於解釋更一般性的選擇行為，包括規劃行為。

賽門（Herbert Simon）在其經典之作「人造科學」（The Sciences of the Artificial）中，以線性規劃（linear programming）作為其解釋設計邏輯的範式。在他認為，設計不外乎尋求被設計物件其內在與外在環境的協調性，如同飛機的飛行。這個概念與中國傳統天人合一的思想是不謀而合的，因為「天」可以解釋為行動者的外在環境，泛指一切不可控制及未知的事物。一般而言，線性規劃模式具有兩個部分：一個目標函數及一組限制式，其模式的解乃為在限制式所形成的可行區域中，就目標函數的參數

尋求最佳解，這個邏輯也就是賽門所謂設計的邏輯。

圖30　飛機的飛行

　　再者，中華文化的道家學說與湧現論有不謀而合之處。此外，根據筆者近年來就複雜科學的理解，目前世界先進科學的走向，有些概念與老莊學說有相似的觀察，例如莊子《齊物論》中「物化」以及老子《道德經》中「生成」的概念，筆者懷疑皆與湧現（emergence）的概念有關。因此，筆者認為，我們能基於老莊學說，結合湧現論，發展出一套新的科學哲學，以彌補立基於希臘哲學還原論的不足。此外，現在西方最前沿的科研題目與中國傳統科學，尤其是道家學說，湧現出共同的方向。一反過去還原論的科研方向，目前西方最前沿的科研題目之一，便是探討複雜現象，舉凡政治、生態、經濟、計算乃至於都市等現象，均是複雜科學探討的對象，而複雜科學便在尋求這些複雜系統的共通性。於是，一些新的次領域便根據這個科學的新典範衍生出來，包括混沌（chaos）、細胞自動機（cellular automata）、人工生命（artificial life）、遞增報酬（increasing returns）及動態系統（dynamical systems）等。複雜科學儼然將成為本世紀科學史上重要的進展。

　　令人驚訝的是，這些次領域所探討的許多概念與道家學說有不謀而合的地方。例如，沃福蘭姆（Stephen Wolfram）在他所著的《一種新科學》

（A New Kind of Science）中，藉由單維細胞自動體的模式語言，解釋了許多自然及社會複雜現象發生的原因，並提出「計算相等原則」（The principle of computational equivalence），認為宇宙中任何複雜的事物皆為一種計算型式，且其複雜程度皆雷同。此外，人工生命更對生命的意義做出廣義的解釋，認為地球生物以外其他型態的生命，包括電腦程式所呈現的生命型態，皆值得深入探討與尊重。我懷疑這些概念與老、莊學說的齊物觀是相似的。其次，諾貝爾化學獎得主普利高金（Ilya Prigogine）也認為，目前西方正流行的混沌理論與莊子的混沌說有相吻合之處。其他尚有關於非線性世界的論述，在老子的《道德經》中，似乎也有提及。

都市是複雜系統，它具有自我組織的內生秩序。規劃是外在的干預，並給都市帶來外生的人為秩序。管理都市複雜必須在這兩種秩序之間做取捨，以達到某種程度的平衡。都市無法被控制，而規劃所能成就的事物有限。面對都市複雜，理想的行動模式是以計畫為基礎的決策制定，這需要我們尊重都市做為複雜系統的內生的自我組織的秩序，需要我們學習如何與自然同行。

參考文獻

劉濱誼。2015。人居環境研究方法論與應用。北京：中國建築工業出版社。

薛明生、賴世剛。2002。人口時空冪次定律的普遍性與恆常性—台灣本島實證研究。台灣土地研究，第 10 期：67-86。

薛明生、賴世剛。2009。預算政策對人口遷移的影響：台灣地區複雜途徑檢證。複雜系統與複雜性科學，第 6 卷，第 2 期：1-9。

賴世剛。2002。從財產權與資訊經濟分析比較開發許可制與土地使用分區管制之利弊。規劃師，第 76 卷，第 18 期：64-70。

賴世剛譯。2012。都市發展──制定計畫的邏輯。臺北：五南。

賴世剛。2018a。時間壓縮下的都市發展與管理。都市發展研究，第 25 卷，第 3 期：1-6。

賴世剛。2018b。面對複雜的規劃。都市發展研究，第 7 卷：84-89。

賴世剛。2022。複雜城市系統中的規劃原理：新觀點、新邏輯與新實驗。北京：中國建築工業出版社。

賴世剛、郭修謙、游凱為。2018。空間垃圾桶模式外在效度之實證檢驗：以臺北市為例。都市與計劃，第 45 卷，第 1 期：1-24。

賴世剛、陳增隆。2002。廠商聚集的區域鎖定效果：遞增報酬的模擬觀察。地理學報，第 31 期：17-34。

Alexander, C. 1965. A City Is Not A Tree. *Architectural Forum* 122(1): 58-62.

Arthur, W. B. 1989. Competing Technologies, Increasing Returns, and Lock-In by Historical Events. *The Economic Journal* 99(394): 116-131.

Arthur, W. B. 2015. *Complexity and the Economy*. Cambridge: Oxford University Press.

Ball, P. 2012. *Why Society is a Complex Matter: Meeting Twenty-first Century Challenges with a New Kind of Science*. Berlin: Springer.

Barabási, A. and E. Bonabeau. 2003. Scale-Free Networks. Scientific American 288(5): 50-59.

Batty, M. 1995. New Ways of Looking at Cities. *Nature* 19: 574.

Batty, M. 2005. *Cities and Complexity: Understanding Cities with Cellular Automata, Agent-based Modeling, and Fractals*. Cambridge, MA: The MIT Press.

Batty, M. 2005. *Cities and Complexity: Understanding Cities with Cellular Automata, Agent-Based Models, and Fractals*. Cambridge, MA: The MIT Press.

Batty, M. 2013. *The New Science of Cities*. Cambridge, MA: The MIT Press.

Brown, S. L. and L. M. Eisenhardt.1998. *Competing on the Edge*. Boston: Harvard Business School Press.

Chaitin, G., 2006. The limits of reason," *Scientific American*, March, 54-61.

Chapin, F. S. and E. J. Kaiser. 1979. *Urban Land Use Planning, 3rd ed*. Urbana, IL: University of Illinois Press.

Cohen, M. D., J. G. March, and J. P. Olsen. 1972. A Garbage Can Model of Organizational Choice. *Administrative Science Quarterly* 17(1): 1-25.

Donaghy, K. P. and L. D. Hopkins. 2006. Coherentist Theories of Planning Are Possible and Useful. *Planning Theory* 5(2): 173-202.

Faludi, A. 1973. *Planning Theory*. Oxford: Pergamon.

Friedmann, J. 1978. Innovation, Flexible Response and Social Learning: A Problem in the Theory of Meta-learning. In *Planning Theory in the 1980s*, edited by R. W. Burchellm and G. Sternlieb, New Brunsky, NJ: The Center for Urban Policy Research.

Friend, J. and A. Hickling. 2005. *Planning under Pressure: The Strategic*

Choice Approach. Oxford: Elsevier.

Gell-Mann, M. 2002. *The Quark and the Jaguar: Adventures in the Simple and the Complex*. New York: Henry Holt and Company, LLC.

Hall, P. 1980. *Great Planning Disasters*. Berkeley, CA: University of California Press.

Hammond, J. S., R. L. Keeney, and H. Raiffa. 1998. The Hidden Traps in Decision Making. *Harvard Business Review* Sept.-Oct.: 47-58.

Holland, J. H. 2012. *Signals and Boundaries: Building Blocks for Complex Adaptive Systems*. Cambridge, MA: The MIT Press.

Hopkins, L. D. 1974. Plan, Projection, Policy-Mathematical Programming and Planning Theory. *Environment and Planning A* 6: 419-430.

Hopkins, L. D. 1981. The Decision to Plan: Planning Activities as Public Goods. In *Urban infrastructure, Location, and Housing*, edited by W. R. Lierop and P. Nijkamp, 273-296. Alphen aan den Rijn, the Netherlands: Sijthoff and Noordhoff.

Hopkins, L. D. 1984. Evaluation of Methods for Exploring Ill-defined Problems. *Environment and Planning B: Planning and Design* 11(3): 339-348.

Hopkins, L. D. 2001. *Urban Development: The Logic of Making Plans*. Washington, D. C.: Island Press.

Hopkins, L. D. 2014. It Is about Time: Dynamics Failure, Using Plans and Using Coalitions. *Town Planning Review* 85(3): 313-318.

Hurley, S. L. 1989. *Natural Reasons: Personality and Polity*. Oxford: Oxford University Press.

Innes, J. E. and D. E. Booher. 2010. *Planning with Complexity: An Introduction to Collaborative Rationality for Public Policy*. New York: Routledge.

Intriligator, M. and E. Sheshinski. 1986. Toward a Theory of Planning. In *Social Choice and Public Decision Making*, edited by W. Heller, R. Starr, and D. Starrett. Cambridge, UK: Cambridge University Press.

Jacobs, J. 1961. *The Death and Life of Great American Cities*. New York: Vintage Books, Random House.

Jacobs, J. 1993. *The Death and Life of Great American Cities*. New York: The Modern Library.

Kahneman, D. 2013. *Thinking, Fast and Slow.* New York: Farrar, Straus and Giroux.

Knaap, G. J. and L. D. Hopkins. 2001. The Inventory Approach to Urban Growth Boundaries. *Journal of American Planning Association* 67(3): 314-326.

Knaap, G. J., L. D. Hopkins, and K. P. Donaghy. 1998. Do Plans Matter? A Game-Theoretic Model for Examining the Logic and Effects of Land Use Planning. *Journal of Planning Education and Research* 18(1): 25-34.

Lai, S.-K. 1998. "From organized anarchy to controlled structure: effects of planning on the garbage-can decision processes," *Environment and Planning B: Planning and Design*, 25(1), 85-102.

Lai, S.-K. 2003. Effects of planning on the garbage-can decision processes: a reformulation and extension. *Environment and Planning B: Planning and Design*, 30(3), 379-389.

Lai, S-K. 2006. A Spatial Garbage-Can Model. *Environment and Planning B: Planning and Design* 33(1): 141-156.

Lai, S-K. 2017. Framed Rationality. *Journal of Urban Management* 6(1): 1-2.

Lai, S-K. 2018. Why Plans Matter for Cities. *Cities* 73: 91-95.

Lai, S-K. 2021. *Planning within Complex Urban Systems*. New York: Routledge.

Laughlin, R. B. 2005. *A Different Universe: Reinventing Physics from the Bottom Down*. New York: Basic Books.

Lee, D. B. 1973. Requiem of Large-scale Urban Models. *Acm Sigsim Simulation Digest* 39(3): 163-178.

Mandelbaum, S. J. 1979. A Complete General Theory of Planning Is Impossible. *Policy Sciences* 11(1): 59-71.

Marschak, J. and R. Radner. 1972. *Economic Theory of Teams*. New Haven, CTYale University Press.

Miller, R. W. 1987. *Fact and Method: Explanation, Confirmation and Reality in the Natural and the Social Sciences*. Princeton, NJ: Princeton University Press.

Newman, M. 2010. *Networks: An Introduction*. Oxford: Oxford University Press.

Nicolis, G. and I. Prigogine. 1989. *Exploring Complexity: An Introduction*. New York: W. H. Freeman and Company.

O'Flaherty, B. 2005. *City Economics*. Cambridge, MA: Harvard University Press.

Parker, D. C., S. M. Manson, M. A. Janssen, M. J. Hoffmann, and P. Deadman. 2003. Multi-agent systems for the simulation of land-use and land-cover change: a review. *Annals of American Association of Geographers,* 93 (2), 314-337.

Prigongine I. and I. Stengers. 1985. *Order Out of Chaos: Man's New Dialogue with Nature*. London: Fontana Paperbacks.

Rittel, H. W. J. and M. M. Webber. 1973. Dilemmas in a General Theory of Planning. *Policy Sciences* 4: 155-169.

Savage, L. J.1972. *The Foundations of Statistics*. New York: Dover.

Simon, H. A. 1996. *The Sciences of the Artificial*. Cambridge, MA: The MIT

Press.

Steiner, F. 1991. *The Living Landscape: An Ecological Approach to Landscape Planning*. New York: McGraw-Hill.

von Neumann, J. and O. Morgenstern. 1972. *Theory of Games and Economic Behavior*. Princeton, NJ: Princeton University Press.

von Winterfeldt, D. and W. Edwards. 1986. *Decision Analysis and Behavioral Research*. London: Cambridge University Press.

Wolfram, S. 2001. *A New Kind of Science*. Champaign, IL: Wolfram Media, Inc.

後　記

　　筆者於 1990 年在美國伊利諾大學厄巴那香檳分校獲得區域規劃哲學博士學位，並曾在國立臺北大學不動產與城鄉環境學系（終身特聘教授）及同濟大學建築與城市規劃學院（高峰計畫教授）任教。目前為國立臺北大學不動產與城鄉環境學系及浙江大學公共管理學院兼職教授（曾為思源講座教授）。同時為 Journal of Urban Management 及《複雜學》期刊的創刊主編以及複雜學研究社的創辦人，並曾擔任中華城市管理學會創會理事長。主要研究領域為城市複雜性、規劃行為以及複雜學。

　　筆者的研究領域為人文社科（社會科學），研究方向為城市規劃與管理，研究內容則為城市複雜學以及規劃理論。筆者的學術成就主要體現在以下三個領域：決策理論、規劃理論，以及複雜學。在決策理論方面，筆者的研究在理論上澄清了 AHP（Analytic Hierarchy Process）及 MAUT（Multi-attribute Utility Theory）的混淆，並結合二者的優點，構建了稱之為 AHP' 新的多屬性決策分析方法；同時，研究檢驗了多屬性決策方法中比率（ratio）及對等（equivalent）判斷的優劣，提出了比較多屬性決策方法的標準實驗設計，從理論與實驗上分析了兩人重複囚徒困境博奕策略的優劣以及社會選擇機制的效力。在規劃理論方面，筆者的研究運用垃圾桶模型等決策分析方法和多種先端的電腦模擬技術，比較了計畫的效度；首次構建了空間垃圾桶模型，以解釋城市發展的進程；還創建基於效用理論邏輯，對規劃行為進行了理論闡述。在複雜理論方面，筆者的研究運用碎形幾何和遞增報酬等理論以及細胞自動機和多智慧體建模等模擬技術，探討城市作為一個複雜系統的運作機理。這些研究的部分成果已於 2016、2019 及 2022 年出版中英文專著 4 本作為代表。筆者的以上有關決策科學中的多屬性決策方法、複雜城市系統中垃圾桶組織選擇模式分

析，以及城市發展和制定計劃邏輯的電腦模擬實驗等研究成果，已獲 Luc Anselin（美國科學院院士）、Michael Batty（英國皇家學會院士）、Chris Webster（香港大學建築學院院長）以及 Lewis Hopkins（美國伊利諾大學厄本那香檳校區城市及區域規劃學系榮譽教授、美國註冊規劃師學會會士以及 ACSP 傑出教育家）等諸多世界級知名學者的肯定。

Luc Anselin：賴世剛應是任何美國研究型大學所珍惜的資產。

Michael Batty：賴世剛的研究極其寶貴，橫跨規劃及城市理論，極具潛力。

Chris Webster：賴世剛是當代亞洲最重要的城市理論家之一。

Lewis Hopkins：賴世剛的研究提供了有關多屬性決策最完整的論述，成為美國各規劃院校的普遍教材。

根據過去 35 年研究成果的積累，筆者整合了行為決策理論、伊利諾規劃學派以及複雜學，進而以數理邏輯、電腦模擬及心理實驗創建了**基於複雜學的城市規劃科學**，並曾經在國內外知名期刊發表學術論文近 100 篇以及專著近 10 本，包括 *Environment and Planning B: Urban Analytics and City Science*、*Land Use Policy*、*Cities*、*Habitat International*、*Annals of Regional Science*、*Omega* 以及 *Decision Sciences* 等等。最新專著包括《複雜城市系統中的規劃原理：新觀點、新邏輯與新實驗》由中國建築工業出版社於 2022 年出版，《都市規劃科學入門：複雜學的觀點》由複雜學研究社於 2022 年出版，以及 *Planning within Complex Urban Systems* 由英國 Routledge 出版社於 2021 年出版，並收錄在 *Routledge Research in Planning and Urban Design* 系列叢書中，英國皇家學會院士 Michael Batty 及北京清華大學傑出訪問教授 Peter Nijkamp 評價該書是城市規劃科學發展的重要里程碑著作。目前正準備出版《規劃行為：面對都市複雜》以及《圖說都市規劃科學》，預計於 2023 年在臺北分別由複雜學研究社及五

南圖書公司出版。

　　1985 年筆者剛進入美國伊利諾大學厄本那香檳校區城市與區域規劃系攻讀區域規劃博士學位時，便以決策理論爲博士論文研究的核心。1990 年博士論文寫的題目便是有關多屬性決策方法（multi-attribute decision making techniques）的比較。在 1995 年自臺返回母校訪問時，從指導教授 Lewis Hopkins 那兒得知 Mitchell Waldrop 寫的 *Complexity: The Emerging Science at the Edge of Order and Chaos*（Simon & Schuster, 1992）一書，感到十分有興趣，返臺後便與筆者的學生積極投入城市複雜性的研究。另一方面，以博士論文爲基礎，筆者持續與學生探索以決策理論爲核心的規劃行爲現象。一直到 2018 年底，在同濟大學建築與城市規劃學院擔任高峰計畫國際 PI 教授時，發現過去一直在做並累積的研究成果其實可以整合在一個理論框架當中（詳見《複雜城市系統中的規劃原理：新觀點、新邏輯與新實驗》第六章第三節）。於是便開始將一些英文研究成果根據該框架有系統性地編修成書，也就是該書的姊妹作 *Planning within Complex Urban Systems*。該書的重點是從邏輯及實驗的角度闡述城市複雜系統中規劃理論框架的內容，因此理論性比較強。在此同時，筆者另有一些中文研究成果也可以按照同樣的理論框架彙集成中文書，因此性質比較像是系統性的研究報告。這兩本書的內容都是自力研發的成果，沒有「卡脖子」的顧慮，而且相輔相成，同時在說明一件事實：城市複雜性科學是有用的，而應該以決策爲核心並與規劃行爲理論緊密結合在一起。相信這兩本書的出版能在城市規劃科學發展的進程中做出重要貢獻。

　　決策理論在城市規劃的應用目前並不多見，但是在其他領域已被廣泛的採用，比如決策分析家 Ralph Keeney 的許多著作，應用決策分析來評估重大公共設施如機場的選址。在規劃界有 Andreas Faludi 於 1987 年寫的 *A Decision-Centred View of Environmental Planning*，但是僅聚焦在概念的探討，而不是如何操作。**基於複雜學的城市規劃科學**視城市活動爲決策的行動，規劃爲決策的安排，並以決策爲核心將城市理論與規劃理論聯繫

起來，而這些決策及規劃的連結又自組織形成複雜城市系統。因此這門科學的貢獻將伊利諾規劃學派、行為決策理論以及複雜性科學有機的整合起來，以實驗及邏輯的科學方法建構了一理論體系，換句話說，將自然科學的複雜系統理論以及社會科學的選擇理論有機的結合起來，相信對城市規劃學科的建設，起到顯著的作用。

此外，筆者所研發的規劃工具「決策網絡」（Decision Network），整合了決策樹（decision tree）、垃圾桶模式（garbage can model）以及策略選擇方法（strategic choice approach）等決策工具的優勢，在面對複雜環境時，比如城市發展，可以幫助規劃者制定相連的決策或規劃，以解決問題。筆者的英文著作 *Planning within Complex Urban Systems* 中，也說明了決策網絡的演算法如何以 Graphplan 的軟體改寫成人工智慧規劃（AI Planning）。因此從這個角度來看，**基於複雜學的城市規劃科學**也具有先進的技術含量，能協助城市規劃學科朝向前沿技術發展。另外值得一提的是，筆者根據垃圾桶模式加入空間因數形成了空間垃圾桶模式（spatial garbage can model），這個模式在解釋城市發展的現象有良好的結果，比如時間壓縮、制度演化、空間自組織以及規劃的作用等，而且該模式已在臺北市的實證研究中得到了部分的驗證，因此具有後續發展的潛力。尤其是，筆者更釐清了城市發展、規劃與複雜性的邏輯關係（詳見 1.14 節的說明）。

綜合而言，筆者從 1985 年就讀博士班開始，到 2020 年 *Planning within Complex Urban Systems* 一書出版為止的 35 年，從決策理論的創新**到基於複雜學的城市規劃科學**的建構，一篇論文一個理論地逐漸地發揮影響力，且這可從筆者的中文書《複雜城市系統中的規劃原理：新觀點、新邏輯與新實驗》在中國大陸發行受到歡迎而得到驗證。尤其是在英文書的最後，筆者提出一個**城市規劃科學的理論架構**，將過去的研究成果整合起來，包括城市發展的 4 個 I 的特性、城市中的複雜性、城市間的複雜性、規劃行為及規劃效果等，形成一個統一且一致的邏輯，除了 Batty

及 Nijkamp 外，其他知名學者也對該書給予好評，包括 Eric Heikkila、
Gerrit-Jan Knaap、Ray Wyatt 及吳志強院士等，相信這一套理論會得到國
際的重視及認可。

國家圖書館出版品預行編目(CIP)資料

圖說都市規劃科學／賴世剛作.--初版.--臺北
　市：五南圖書出版股份有限公司, 2023.06
　面；　公分

ISBN 978-626-366-046-5(平裝)

1.CST: 都市計畫

545.1　　　　　　　　　112006048

5T57

圖說都市規劃科學

作　　　者 ― 賴世剛（393.5）

發 行 人 ― 楊榮川

總 經 理 ― 楊士清

總 編 輯 ― 楊秀麗

副總編輯 ― 王正華

責任編輯 ― 金明芬

封面設計 ― 姚孝慈

出 版 者 ― 五南圖書出版股份有限公司

地　　　址：106台北市大安區和平東路二段339號4樓

電　　　話：(02)2705-5066　　傳　　真：(02)2706-6100

網　　　址：https://www.wunan.com.tw

電子郵件：wunan@wunan.com.tw

劃撥帳號：01068953

戶　　　名：五南圖書出版股份有限公司

法律顧問　林勝安律師

出版日期　2023年6月初版一刷

定　　　價　新臺幣220元

經典永恆・名著常在

五十週年的獻禮——經典名著文庫

五南，五十年了，半個世紀，人生旅程的一大半，走過來了。

思索著，邁向百年的未來歷程，能為知識界、文化學術界作些什麼？

在速食文化的生態下，有什麼值得讓人雋永品味的？

歷代經典・當今名著，經過時間的洗禮，千錘百鍊，流傳至今，光芒耀人；

不僅使我們能領悟前人的智慧，同時也增深加廣我們思考的深度與視野。

我們決心投入巨資，有計畫的系統梳選，成立「經典名著文庫」，

希望收入古今中外思想性的、充滿睿智與獨見的經典、名著。

這是一項理想性的、永續性的巨大出版工程。

不在意讀者的眾寡，只考慮它的學術價值，力求完整展現先哲思想的軌跡；

為知識界開啟一片智慧之窗，營造一座百花綻放的世界文明公園，

任君遨遊、取菁吸蜜、嘉惠學子！